Die frühmittelalterlichen Gedenkbücher des Bodenseeraums

von

Holger Schmenk

Tectum Verlag
Marburg 2003

Schmenk, Holger:
Die frühmittelalterlichen Gedenkbücher des Bodenseeraums
/ von Holger Schmenk
- Marburg : Tectum Verlag, 2003
ISBN 978-3-8288-8514-1

© Tectum Verlag

Tectum Verlag
Marburg 2003

EINLEITUNG		5
1	**MEMORIALVORSTELLUNGEN IM FRÜHEN MITTELALTER**	**7**
1.1	Zur Bedeutung der Memoria im frühen Mittelalter	7
1.1.1	Gottes „himmlisches Buch des Lebens"	11
1.2	Die frühe Gedenkform in den *Diptychen*	12
1.3	Von den *Diptychen* zu den Verbrüderungsbüchern	14
2	**GRÜNDE FÜR DIE ANLAGE DER *LIBRI MEMORIALES***	**17**
2.1	Die Synode von Attigny	17
2.1.1	Die bayrische Synode von Dingolfing	19
2.2	Benedikt von Aniane und die *Regula Una*	19
2.2.1	Die Reformen Ludwigs des Frommen im Kontext der sogenannten „anianischen Reform"	21
2.3	Die klösterliche Verbrüderungsbewegung	25
2.3.1	Die laikale und klerikale Verbrüderung	28
2.4	Der Verbrüderungsvertrag von St. Gallen und Reichenau	30
3	**DIE VERBRÜDERUNGSBÜCHER DES KLOSTERS ST. GALLEN**	**35**
3.1	Zur frühen Geschichte des Konvents bis zur Anlage des älteren Verbrüderungsbuches	35
3.2	Die Entstehung der Verbrüderungsbücher	37
3.3	Der ältere Codex	41
3.3.1	Verbrüderte Kommunitäten im älteren Gedenkbuch	44
3.4	Der jüngere Codex	45
3.4.1	Neu hinzugekommene verbrüderte Kommunitäten und andere Eintragungen im jüngeren Verbrüderungsbuch	49
3.5	Ausdehnung der St. Galler Gebetsverbrüderung	50

4	**DAS REICHENAUER GEDENKBUCH**	**53**
4.1	Die Frühgeschichte des Klosters	53
4.2	Die Visio Wettini	57
4.3	Zur Anlage des Verbrüderungsbuches	60
4.4	Der Aufbau des Codex	61
4.5	Die überlieferten Listen des Reichenauer Konvents im Reichenauer Verbrüderungsbuch	66
4.6	Ausdehnung und Bedeutung der Reichenauer Verbrüderungsbewegung	68
5	**DER *LIBER VIVENTIUM* VON PFÄFERS**	**71**
5.1	Zur frühen Geschichte des Klosters Pfäfers bis zur Anlage des Gedenkbuches	71
5.2	Die Entstehung des Gedenkbuches	74
5.3	Der „Schmuck" des *Liber Viventium*	76
5.4	Zum inhaltlichen Aufbau	78
5.5	Die Bedeutung der Pfäferser Verbrüderung	81
6	**GEMEINSAMKEITEN UND UNTERSCHIEDE DER GEDENKBÜCHER DES BODENSEERAUMS**	**83**
6.1	Die Verbindungen der Bodenseeklöster untereinander	83
6.2	Zum „Charakter" der Verbrüderungsbücher	85
6.3	Wesentliche Unterschiede	89
7	**ABSCHLIESSENDE BETRACHTUNGEN**	**93**
7.1	Das Mittelalter als das „porträtlose Jahrtausend"	93
7.2	Probleme bei der Edierung der Gedenkbücher	94
7.3	Zum Quellenwert der Verbrüderungsbücher	97
ABKÜRZUNGSVERZEICHNIS		**101**

QUELLEN- UND LITERATURVERZEICHNIS 103
1. Quellen 103
2. Literaturverzeichnis.. 107

ANHANG 119
1   Graphische Darstellung der St. Galler Eintragsgruppen........... 121
2   Graphik zu den Eintragsgruppen im Pfäferser Codex 125

EINLEITUNG

In dieser Arbeit sollen die frühmittelalterlichen Gedenkbücher des Bodenseeraums in ihrem Aufbau und ihrer Bedeutung analysiert werden. Dazu zählen der ältere und der jüngere St. Galler Codex, das Verbrüderungsbuch des Inselklosters Reichenau und der *Liber Viventium* von Pfäfers[1]. Die Gedenkbücher des Bodensees sind vier der insgesamt acht erhaltenen Memorialbücher des Frühmittelalters auf dem europäischen Festland, denn aus St. Peter in Salzburg, San Giulia in Brescia, Corvey und Remiremont wurden ebenfalls Bücher überliefert[2].

Bevor die Verbrüderungsbücher in den Mittelpunkt der Betrachtungen rücken, ist es sinnvoll, auf die Memorialvorstellungen der frühmittelalterlichen Menschen einzugehen, um die Bedeutung der Memoria richtig einschätzen zu können. Anschließend werden dann Gründe für die Entstehung der *Libri Memoriales* angeführt.

---

1   Versuch einer Rekonstruktion der St. Galler Verbrüderungsbücher des 9. Jahrhunderts, von Karl Schmid. In: Borgolte, Michael/Geuenich, Dieter/Schmid, Karl (Hrsg.): Subsidia Sangallensia I. Materialien und Untersuchungen zu den Verbrüderungsbüchern und zu den älteren Urkunden des Stiftsarchivs St. Gallen. S. 81-277.; Das Verbrüderungsbuch der Abtei Reichenau. Einleitung, Register Faksimile, hg. von Johanne Autenrieth, Dieter Geuenich und Karl Schmid. (= MGH Libri Memoriales et Necrologia. Nova Series 1). Hannover 1979.; Liber Viventium Fabariensis. Faksimile Edition, hg. von Alfred Bruckner. Basel 1973; Die Bezeichnungen Gedenkbuch, Verbrüderungsbuch, Memorialbuch, *Libri memoriales* u. ä. werden im Folgenden synonym verwendet. Das Gedenkbuch von Pfäfers erhielt außerdem die Benennung *Liber Viventium*.

2   Das Verbrüderungsbuch von St. Peter in Salzburg. Faksimile Ausgabe, hg. von Karl Forstner. Graz 1974.; Der Memorial- und Literaturcodex von San Salvatore, San Giulia in Brescia, hg. von Dieter Geuenich (= MGH Libri Memoriales et Necrologia, Nova Series, 4). Hannover 2000.; Der Liber Vitae der Abtei Corvey. Faksimile Ausgabe. Bd. 1, hg. von Karl Schmid. Wiesbaden 1983 (= Westfälische Gedenkbücher und Necrologien).; Liber Memorialis von Remiremont, hg. von Eduard Hlawitschka (= MGH Antiquitates, Libri memoriales, 1). Dublin 1970.

Im dritten, vierten und fünften Kapitel erfolgt dann die eigentliche Analyse der Gedenkbücher des Bodenseeraums. Die Reihenfolge wurde chronologisch nach den Entstehungsjahren gewählt und nicht nach der Bedeutung der jeweiligen Abtei, beginnend bei den Codices von St. Gallen, dann dem Verbrüderungsbuch von Reichenau und zum Schluss dem *Liber Viventium* von Pfäfers. Der Aufbau der drei Kapitel bleibt in etwa gleich, um Vergleichsmöglichkeiten zu bieten. Die Frühgeschichte der Konvente umfasst jeweils nur einen kürzeren Überblick. Daran anschließend werden die Gedenkbücher betrachtet, ihre Entstehung, ihr Aufbau und die Ausdehnung und Bedeutung der Verbrüderung stehen im Mittelpunkt. Jedoch werden natürlich die Spezifika der einzelnen Bücher ebenfalls hinzugenommen. So besteht z. B. die Besonderheit in St. Gallen darin, dass es zwei Bücher sind, in Reichenau hingegen führte die Vision des Reichenauer Mönchs Wetti zur Anlage des Verbrüderungsbuches und in Pfäfers tritt der künstlerische Schmuck hervor – Merkmale, die einer besonderen Berücksichtigung bedürfen.

Im sechsten Kapitel wird versucht, die charakteristischen Eigenschaften herauszustellen. Es geht sowohl darum, Gemeinsamkeiten als auch die zahlreichen Differenzen der Gedenkbücher des Bodenseeraums zu finden. Die Unterschiede sind genauso ein kennzeichnendes Merkmal. Abschließend sollen im siebten Kapitel einige abschließende Bemerkungen erfolgen; diese gehen vorwiegend auf die Problematik bei der Edierung der Memorialbücher ein und natürlich auch auf ihren Quellenwert.

1 MEMORIALVORSTELLUNGEN IM FRÜHEN MITTELALTER

1.1 Zur Bedeutung der Memoria im frühen Mittelalter

Die Grundlage der mittelalterlichen Idee von der Memoria ist die christliche Vorstellung eines ewigen Lebens, bedingt durch die Unsterblichkeit der Seele. Vor diesem Hintergrund, der den Tod nicht als einen Endpunkt markiert, sondern der vielmehr als der eigentliche Beginn des Lebens zu sehen ist, muss das Gedenken bzw. die Memoria betrachtet werden. In Erwartung auf Gottes Gnade war das gesamte Leben der mittelalterlichen Menschen auf den Tod ausgerichtet[3]. Trotzdem existierte eine immer präsente Heilsangst, denn zugleich ging man davon aus, dass die nicht Vollkommenen im Jenseits Strafqualen zur Läuterung der Seele erleiden müssten[4]. Dafür ist das Bildnis der Seelenwaage kennzeichnend. Auf dieser wurden die guten gegenüber den bösen Taten abgewogen – da kein Mensch davon ausgehen konnte, „schuldlos" zu bleiben, war die Sorge allgegenwärtig. Sünden konnten allerdings beispielsweise durch Gebete und Fasten wieder ausgeglichen werden. Es bestand zudem auch noch die Möglichkeit, andere Menschen für sich beten zu lassen[5]. Klöster als Stätten des Gebets waren dafür prädestiniert, Gebetshilfe zu leisten, und entwickelten sich zu

---

3 Geuenich, Dieter: Zukunftsvorstellungen im Mittelalter. Antrittsvorlesung an der Universität-Gesamthochschule-Duisburg. Duisburg 30. Mai 1989. Internet: http://www.uni-duisburg.de/FB1/GESCHICHTE/GeuZuk.htm. S. 3.
4 Angenendt, Arnold: Theologie und Liturgie der mittelalterlichen Toten-Memoria. In: Schmid, Karl/Wollasch, Joachim (Hrsg.): Memoria. Der geschichtliche Zeugniswert des liturgischen Gedenkens im Mittelalter (= Münstersche Mittelalter-Schriften, 48). S. 118.
5 Tellenbach, Gerd: Die historische Dimension der liturgischen commemoratio im Mittelalter. In: Schmid, Karl/Wollasch, Joachim (Hrsg.): Memoria. Der geschichtliche Zeugniswert des liturgischen Gedenkens im Mittelalter (= Münstersche Mittelalter-Schriften, 48). S. 202.

Zentren der Buße und geistlichen Hilfe[6]. Von den Zuständen im Jenseits hatten die Menschen konkrete Vorstellungen durch Visionen, die im Mittelalter beliebt waren[7]. Diese werden in den folgenden Kapiteln im Zusammenhang mit der Anlage des Reichenauer Gedenkbuches noch genauer zu erläutern sein.

Das Christentum sowie das Judentum können außerdem als Religionen der Erinnerung beschrieben werden, die fest in ihrer Geschichte verankert sind[8]. Dies spiegelt sich schon im Kirchenjahr wider, welches von Advent bis Pfingsten an den Leidensweg Jesu bis hin zu seiner Auferstehung erinnert. In zahlreichen liturgischen Handlungen, beispielsweise während des Abendmahls, spielt die Memoria ebenfalls nicht nur eine herausragende Rolle, sie steht im Mittelpunkt. Dabei wird während der Wandlungsfeier des Opfertodes Jesu gedacht. Hier zeigt sich eine deutliche Verknüpfung von Tod und Erinnerung, die auf antiken heidnischen Vorformen beruht[9]. Die bei der Eucharistie gehaltenen Fürbitten bezogen sich zunächst nur auf Jesus und wurden dann nach und nach auf Apostel, Heilige, Bischöfe, Kleriker, Stifter und Wohltäter ausgeweitet und schließlich auf die Mitglieder der Gemeinde[10].

Das Gedenken bezog sich zunächst vorwiegend auf die Verstorbenen, denn bei dem Tod eines Menschen herrschte der Glaube vor, dass Engel gegen Dämonen um die Seele des Verstorbenen kämpften und die Gebetshilfe der

---

6   Ebner, Adalbert: Die klösterlichen Gebetsverbrüderungen bis zum Ausgange des karolingischen Zeitalters. Eine kirchengeschichtliche Studie. Regensburg 1890. S. 19.
7   Neiske, Franz: Vision und Totengedenken. In: Frühmittelalterliche Studien, 20. 1986. S. 142.
8   Le Goff, Jacques: Geschichte und Gedächtnis. Aus dem Französischen von Elisabeth Hartfelder. Frankfurt am Main 1992 (= Historische Studien, 6). S. 102.
9   Le Goff, Jacques: Geschichte und Gedächtnis. S. 106.
10   Schmid, Karl/Oexle, Otto Gerhard: Voraussetzungen und Wirkung des Gebetsbundes von Attigny. In: Francia, 2. 1975. S. 76.

Lebenden die Dämonen vertreiben würden[11]. Die Totenmemoria zeigt sich hier als ein Ausdruck der Sorge um das Seelenheil des Verstorbenen[12]. Darüber hinaus hatten Tote nach mittelalterlicher Vorstellung keine Möglichkeit, Sünden und Versäumnisse auszugleichen, wodurch sie auf die Gebete ihrer Familie, der Gemeinde oder eines Klosterkonvents angewiesen waren. Durch den Aufruf ihres Namens bei liturgischen Handlungen verband sich zugleich der Glaube von der direkten Anwesenheit des Verstorbenen[13]. Diese Ansicht herrschte teilweise noch bis ins 17./18. Jahrhundert vor[14].

Verknüpft mit dem Totengedenken war schon seit der Antike das Totenmahl. Bereits beim heidnisch-antiken Totenkult stand das Mahl im Mittelpunkt mit dem Glauben verbunden, der Verstorbene sei dabei anwesend. Dies übernahm das Christentum[15]. In den Klöstern wurden häufig nicht nur Verwandte bzw. die Gemeindemitglieder zu dem Mahl geladen, sondern auch Arme. Die Armenspeisung findet ihre Grundlage in der Fürsorge des Christentums für benachteiligte Menschen: *Wenn du ein Mahl gibst, so lade Arme, Krüppel. Lahme und Blinde ein*[16].

Abgesehen von diesem religiös motivierten Caritasgedanken hatte die Hinzunahme der Armen gleichzeitig noch einen praktischen Hintergrund, denn durch die Einbeziehung solcher Personengruppen weitete sich der Kreis

---

11 Angenendt, Arnold: Theologie und Liturgie der mittelalterlichen Toten-Memoria. S. 168.
12 Ohly, Friedrich: Bemerkungen eines Philologen zur Memoria. Münstersche Abschiedsvorlesung vom 10. Februar 1982. München 1984 (= Münstersche Mittelalter-Schriften, 48). S. 28.
13 Oexle, Otto Gerhard: Mahl und Spende im mittelalterlichen Totenkult. In: Frühmittelalterliche Studien, 18. 1984. S. 401.
14 Oexle, Otto Gerhard: Memoria als Kultur. In: Oexle, Otto Gerhard (Hrsg.): Memoria als Kultur. Göttingen 1995 (= Veröffentlichungen des Max-Planck-Instituts für Geschichte, 121). S. 34.
15 Oexle, Otto Gerhard: Die Gegenwart der Toten. In: Braet, Hermann/Verbeke, Werner (Hrsg.): Death in the middle ages. Leuven 1982. S. 48.
16 Lukas 14, 12 f. In: Die Bibel. Altes und Neues Testament. Einheitsübersetzung. Freiburg im Breisgau 1980. Neues Testament.

jener aus, die an den Verstorbenen dachten oder gar für ihn beteten und somit für sein Seelenheil sorgten. Es fand also eine Ausweitung der Memoria statt[17]. Zusätzlich hatte das Gebet armer Menschen einen besonders hohen Stellenwert, denn schon die Bibel verweist darauf, dass es ihnen im Himmel besser ergehen wird als anderen: *Selig die arm sind vor Gott, denn ihnen gehört das Himmelsreich.*[18]

Zu den rein religiösen Aspekten kommt zusätzlich „die menschliche Urangst vor dem Vergessenwerden"[19]. Das Christentum als eine Religion, die an die Erinnerung gebunden ist, wirkt dem Vergessenwerden entgegen. Im Gebet wird die Memoria an Gott, Jesus, Geistliche, Stifter oder sonstige Personen immer wieder sichtbar. Memoria muss als ein konstitutives Element des Mittelalters gesehen werden, dessen Bedeutung gar nicht hoch genug einzuschätzen ist. O. G. Oexle definierte die Memoria als „die Überwindung des Todes und Vergessens durch Gedächtnis und Erinnerung"[20], die Tragweite dieser Aussage wird wohl deutlich, wenn man sich die bereits oben erwähnte Vorstellung mittelalterlicher Menschen in Erinnerung ruft, die den Tod als das zentrale Anliegen, als den Eintritt ins Leben sahen. Im Kontext der Memoria dürfen nicht nur die liturgischen Handlungen gesehen werden, sondern auch Denkmäler, Bilder, Dichtungen und Texte. Gerade die schriftlichen Aufzeichnungen der Memoria in Form von *Diptychen*, Verbrüderungsbüchern, Necrologien etc. spiegeln die Auswirkungen dieser mittelalterlichen Vorstellung wider. Letztendlich kann jede Überlieferung, die sich auf Geschichte bezieht, als Memorialüberlieferung verstanden werden[21].

Die oben getroffenen Aussagen erlauben allenfalls einen stark verkürzten Einblick in Memorialvorstellungen des frühen Mittelalters und sollten lediglich im Hinblick auf die Verbrüderungsbücher die wichtigsten Aspekte

---

17   Oexle, Otto Gerhard: Mahl und Spende im mittelalterlichen Totenkult. S. 406.
18   Matthäus 5, 3; vgl. dazu auch Lukas 6, 21. In: Die Bibel. Neues Testament.
19   Ohly, Friedrich: Bemerkungen eines Philologen zur Memoria. S. 9.
20   Oexle, Otto Gerhard: Memoria. In: Lexikon des Mittelalters, 6. Stuttgart 1993. Sp. 510.
21   Oexle, Otto Gerhard: Memoria. Sp. 511.

zusammengefasst erläutern. Allerdings ist es unumgänglich, auch auf die Vorstellung von Gottes „himmlischem Buch des Lebens" im nun folgenden Kapitel einzugehen.

1.1.1 Gottes „himmlisches Buch des Lebens"

Von einem „Buch des Lebens" ist bereits im Alten Testament die Rede[22]. Es handelt sich dabei um das Bild einer Liste, die von Gott selbst geführt wird. Die darin Eingeschriebenen werden am Tag des Jüngsten Gerichts gerettet[23]. Diese Metapher fand im frühen Mittelalter unter den Christen weite Verbreitung. Verbunden war damit wieder die Sorge um das eigene Seelenheil, denn durch Sünden erfolgte die Streichung aus dem Buch und dadurch der „zweite Tod" beim Jüngsten Gericht:

[...] auch das Buch des Lebens wurde aufgeschlagen. Die Toten wurden nach ihren Werken gerichtet, nach dem, was in den Büchern aufgeschrieben war. Und das Meer gab die Toten heraus, die in ihm waren; und der Tod und die Unterwelt gaben ihre Toten heraus, die in ihnen waren. Sie wurden gerichtet jeder nach seinen Werken. [...] Das ist der zweite Tod: der Feuersee. Wer nicht im Buch des Lebens verzeichnet war, wurde in den Feuersee geworfen.

Die Kenntnis dieser oder ähnlicher biblischer Aussagen darf bei vielen mittelalterlichen Christen vorausgesetzt werden. Die Angst, bei seinem eigenen Tod vergessen zu werden bzw. nicht im „Buch des Lebens" zu stehen, muss allgegenwärtig gewesen sein.

Um zu vermeiden, dass Gott jemanden vergisst, der in die himmlische Liste hinein gehört, nannte der Priester an zwei Stellen in der Messe, beim *Memento*, die Namen derer, die Gott „anempfohlen" werden sollten. Zunächst bezog sich dies nur auf die weltliche und geistliche Obrigkeit und wurde dann nach und nach auch auf die Stifter, Wohltäter und Mitglieder der Ge-

---

22 Exodus 32, 32 f. In: Die Bibel. Altes Testament.
23 Koep, Leo: Das himmlische Buch in Antike und Christentum. Bonn 1952 (= Theophaneia 8). S. 31 f.

meinde ausgeweitet. Die Nennung des Papstes während des *Memento* ist seit dem sechsten Jahrhundert bezeugt[24].

Zusätzlich sprach der Priester Fürbitten für die Verstorbenen, deren Namen aufgerufen und dementsprechend zuvor aufgeschrieben werden mussten. Die Namenlisten, auf denen sie notiert waren, gehören zu den ursprünglichen Aufzeichnungen des Gedenkens an Lebende und Tote[25]. Da jeder mittelalterliche Christ in das „Buch des Lebens" hinein wollte, nahmen die Listen immer größere Ausmaße an, wodurch letztendlich nicht mehr jeder einzelne Name aufgerufen werden konnte, sondern nur noch ein pauschales Gedenken stattfand. Der Begriff *Liber vitae*, eine weitere Bezeichnung für das „Buch des Lebens", wurde auf die Listen übertragen, die häufig in Klapptafeln, den *Diptychen*, eingelegt oder aufbewahrt waren. Von diesen wird im nächsten Kapitel noch ausführlicher zu sprechen sein.

Das „Buch des Lebens" ist ebenfalls als Teil der Gedenküberlieferung anzusehen. Die gesamte früh- bis spätmittelalterliche Gebetsverbrüderung muss auf der Grundlage des „himmlischen Buches des Lebens" gesehen werden, denn diese sah das gegenseitige Gebet beispielsweise der Konvente füreinander vor, um für Verstorbene zu beten[26].

1.2 Die frühe Gedenkform in den *Diptychen*

Diptychen sind, wie bereits erwähnt, aufklappbare Holz- oder Metalltafeln. Bei der Verwendung im liturgischen Bereich ist ebenso der Name *Messdiptychon* bzw. in der Pluralform *Messdiptychen* geläufig. Darin wurde entweder ein Pergamentblatt mit Namen eingelegt, oder es befand sich im Inneren eine Wachsschicht, in die Namen eingeritzt werden konnten. Nach der Messfeier existierte demnach die Möglichkeit, die Namen wieder zu ent-

---

24 Koep, Leo: Das himmlische Buch in Antike und Christentum. S. 100-101.
25 Schmid, Karl/Wollasch, Joachim: Societas et Fraternitas. Begründung eines kommentierten Quellenwerks zur Erforschung der Personen und Personengruppen des Mittelalters. In: Frühmittelalterliche Studien, 9. 1975. S. 32.
26 Kohlenberger, Helmut: Buch des Lebens. In: Lexikon des Mittelalters, 2. Stuttgart 1983. Sp. 813.

fernen. Der grundsätzliche Aufbau bestand darin, dass zwischen den Namen der Lebenden, den *Nomina vivorum*, und den Verstorbenen, den *Nomina defunctorum*, strikt unterschieden wurde[27]. Eine Einteilung nach Ständen war ebenfalls üblich[28], also beispielsweise eine Unterteilung in Angehörige des Königshauses, Bischöfe, Adel, Kleriker und Laien.

Diptychen müssen als eine Art Gedächtnisstütze beim *Memento* während der Messfeier angesehen werden[29], denn durch die immer größer werdende Zahl derer, die darin eingeschlossen wurden, wäre es für den Priester unmöglich gewesen, alle Namen aus seiner Erinnerung heraus zu rezitieren. Die Tafel legte er dabei auf den Altar. Die große Anzahl der aufzurufenden Namen lässt sich am besten anhand des Beispiels der Klöster verdeutlichen. Anspruch auf die Gebetshilfe des Konvents hatten natürlich einerseits die Mitglieder desselben, andererseits aber auch noch die Gründer und Wohltäter des Klosters sowie Angehörige der im Kloster lebenden Brüder[30]. Da sich das Memento auf Lebende und Verstorbene bezog, muss die Anzahl der Namen stetig angestiegen sein. Die Einschreibung in ein *Diptychon* war die sicherste Gewähr, beim Gedächtnis nicht vergessen zu werden. Wurden es zu viele Namen, sprach der Geistliche die Gebete *Super Diptycha* oder *Super Scripta*[31], wodurch ein pauschales Gedenken stattfand.

Die Einschreibung in ein *Messdiptychon* ist im frühen Christentum als der Nachweis der Zugehörigkeit zu einer kirchlichen oder klösterlichen Ge-

---

27 Schmid, Karl: Mönchtum und Verbrüderung. In: Kottje, Raimund/Maurer, Helmut (Hrsg.): Monastische Reformen im 9. und 10. Jahrhundert. Sigmaringen 1989 (= Vorträge und Forschungen, 38). S. 122.
28 Ebner, Adalbert: Die klösterlichen Gebetsverbrüderungen bis zum Ausgange des karolingischen Zeitalters. Eine kirchengeschichtliche Studie. Regensburg 1890. S. 115.
29 Angenendt, Arnold: Theologie und Liturgie der mittelalterlichen Toten-Memoria. S. 190.
30 Ebner, Adalbert: Die klösterlichen Gebetsverbrüderungen bis zum Ausgange des karolingischen Zeitalters. S. 19.
31 Schmid, Karl/Oexle, Otto Gerhard: Voraussetzungen und Wirkung des Gebetsbundes von Attigny. S. 77.

meinschaft zu verstehen. Und ähnlich wie beim „himmlischen Buch des Lebens" bedeutete die Streichung aus den *Diptychen* die Exkommunikation und sollte im Jenseits noch wirksam sein[32].

Durch die stark anwachsenden Namenmengen mussten die *Diptychen* nach und nach erweitert werden. Seit dem 9. Jahrhundert setzte ein immer stärker werdender Rückgang des Gebrauchs der *Messdiptychen* ein[33], da sich mehr und mehr Verbrüderungsbücher durchsetzten. Einzelne Aspekte, die den fließenden Übergang von den *Diptychen* zu den Verbrüderungsbüchern markieren, werden nun im folgenden zu betrachten sein.

1.3 Von den *Diptychen* zu den Verbrüderungsbüchern

In Erwartung, dass jeder, der in ein *Diptychon* eingetragen war, auch in Gottes „himmlisches Buch" aufgenommen werde, erstrebte wohl jeder mittelalterliche Christ mindestens einen Nameneintrag darin. Diptychen mit kurzfristig in Wachs eingeritzten Namen oder losen Pergamentblättern, die schnell verloren gehen konnten, eigneten sich nicht für ein dauerhaftes Gedenken, das regelmäßig an die eingeschriebenen Personen erinnerte und sich so positiv auf das Seelenheil auswirken sollte. Da im 8. und 9. Jahrhundert zusätzlich eine klösterliche Verbrüderungsbewegung[34] einsetzte, durch die Listen ganzer Konvente ausgetauscht wurden, waren *Diptychen* nicht mehr für die Aufnahme dieser klösterlichen Listen brauchbar, denn die verbrüderten Mönche sollten dauerhaft in das Gebetsgedenken des Klosters aufgenommen werden. In die speziell dafür angelegten Bücher, nämlich die Verbrüderungsbücher, trugen Mönche die versandten Listen ein und sicherten dadurch ein auf Dauer angelegtes Gedenken. Verbrüderungsbücher sind ebenso unter den Namen *Liber vitae* in Anlehnung an das „Buch des Lebens", Gedenk- und Memorialbücher und zahlreichen weite-

---

32 Koep, Leo: Das himmlische Buch in Antike und Christentum. S. 111.
33 Koep, Leo: Das himmlische Buch in Antike und Christentum. S. 103.
34 Die Verbrüderungsbewegung kann an dieser Stelle nicht ausführlicher erläutert werden, eine genauere Analyse erfolgt in den Kapiteln 2.3 und 2.3.1.

ren Bezeichnungen in der Forschung geläufig. Aufgrund dessen können die Begriffe im folgenden synonym verwendet werden.

Einzelne Charakteristika der Verbrüderungsbücher sind an dieser Stelle nur in groben Zügen zu erläutern, denn bei der Analyse der Gedenkbücher von St. Gallen, Reichenau und Pfäfers wird dies noch ausführlicher geschehen. Die Namensfülle wurde, genau wie in den *Diptychen*, so groß, dass nur eine summarische Rezitation bei der Messfeier erfolgte[35]. Dazu legte der Geistliche das Verbrüderungsbuch auf den Altar. In den noch erhaltenen Gedenkbüchern finden sich zusammengerechnet fast 80.000 Namen[36]. Die frühesten von ihnen waren wohl vom Aufbau her den *Diptychen* ähnlich, allmählich entstanden dann ganze Codices [37].

Die Verbrüderungsbücher bilden eine Grundform des Gedenkens im 8. und 9. Jahrhundert. Durch ihre Unterteilung in geistliche Gemeinschaften, *Ordines*, und ihre Namenmassen eigneten sie sich nicht für die individuelle Memoria[38]. Da ein Bedürfnis nach einem individuelleren jährlichen Gedenken bestand, setzte sich eine zweite Grundform des Gedenkens durch, die sich in den neu entstandenen Totenbüchern des 9. Jahrhunderts widerspiegelt[39]. Die Totenbücher, als Necrologien bezeichnet, gehen von ihrem

---

35 Schmid, Karl/Wollasch, Joachim: Die Gemeinschaft der Lebenden und Verstorbenen in Zeugnissen des Mittelalters. In: Frühmittelalterliche Studien, 1. 1967. S. 368.
36 Tellenbach, Gerd: Liturgische Gedenkbücher als historische Quellen. Mélanges Eugène Tisserant T. 5. Studi e Testi, Vol. 235. Città del Vaticano: Biblioteca Apostolica Vaticana 1964. S. 389-402. In: Tellenbach, Gerd: Ausgewählte Schriften und Aufsätze. Bd. 2. Stuttgart 1988. S. 427.
37 Schmid, Karl/Wollasch, Joachim: Die Gemeinschaft der Lebenden und Verstorbenen. S. 369.
38 Wollasch, Joachim: Totengedenken im Reformmönchtum. In: Kottje, Raimund/Maurer, Helmut (Hrsg.): Monastische Reformen im 9. und 10. Jahrhundert. Sigmaringen 1989 (= Vorträge und Forschungen, 38). S. 147.
39 Angenendt, Arnold: Theologie und Liturgie der mittelalterlichen Toten-Memoria. S. 193.

Anlageprinzip her auf die älteren Martyrologien und Kalendarien zurück[40]. Sie sind nach einem kalenderartigen Prinzip geordnet und enthalten ausschließlich Namen Verstorbener, im Gegensatz zu den Verbrüderungsbüchern, die sowohl Lebende als auch Tote enthalten. Die Verstorbenen trugen die Mönche nach dem Todestag geordnet ein, wobei das Todesjahr keine Rolle spielte. Dieses Anlageprinzip ermöglichte ein jährlich wiederholbares Gedenken an dem jeweiligen Todestag und führte so zu einer Individualisierung und damit Intensivierung der Memoria. Im 10. Jahrhundert lösten Necrologien die Verbrüderungsbücher in ihrer Bedeutung ab[41].

Zusammenfassend lässt sich festhalten, dass sich die Memoria vom ad hoc Gedenken in den Diptychen über die Verbrüderungsbücher im 8. und 9. Jahrhundert hin zum dauerhaften jährlichen Gedenken in den Necrologien entwickelte.

---

40 Schmid, Karl/Wollasch, Joachim: Die Gemeinschaft der Lebenden und Verstorbenen. S. 368 f. Vgl. dazu: Wollasch, Joachim: Zu den Anfängen liturgischen Gedenkens an Personen und Personengruppen in den Bodenseeklöstern. In: Bäumer, Remigius/Frank, Karl Suso/Ott, Hugo (Hrsg.): Kirche am Oberrhein. Freiburg im Breisgau 1980. S. 60.; Oexle, Otto Gerhard: Die Gegenwart der Toten. S. 31.

41 Wollasch, Joachim: Totengedenken im Reformmönchtum. S. 147.

2 GRÜNDE FÜR DIE ANLAGE DER *LIBRI MEMORIALES*

2.1 Die Synode von Attigny

Die Entstehung der *Libri memoriales* lässt sich nicht allein durch die oben beschriebenen mittelalterlichen Memorialvorstellungen erklären, denn in diesem Zusammenhang spielt eine Vielzahl von Gründen und Ereignissen eine Rolle. Eine hohe Bedeutung kommt der fränkischen Synode von Attigny und der regional beschränkteren bayrischen Kirchensynode von Dingolfing zu.

Attigny ist als fränkische Königspfalz seit 682 bezeugt und war immer wieder ein bevorzugter Ort, an dem Entscheidungen für das Ober- und Niederrheingebiet getroffen wurden[42]. Im Jahre 762 trafen sich dort 22 Bischöfe, 5 Abtbischöfe und 17 Äbte zu einer Synode *pro causa religionis ac salute animarum*, bei der gegenseitige Gebetsleistungen beschlossen wurden[43]. Die vereinbarten Leistungen bezogen sich nur auf das Verstorbenengedenken, weshalb auch die Bezeichnung „Totenbund" in der Forschung geläufig ist, denn im Falle des Todes eines Vertragspartners mussten die anwesenden Bischöfe und Äbte bzw. Abtbischöfe je 100 Psalter und Messen singen lassen und 30 Messen persönlich feiern[44]. Hervorzuheben ist, dass es sich dabei um eine vertragliche Vereinbarung mit Rechtscharakter handelte. Die Gegenseitigkeit des Gedenkens stellte die Grundlage dar[45]. Die Differenzierung der Gebetsleistung ist außerdem charakteristisch. Um

---

42 Werner, Karl F.: Attigny. In: Lexikon des Mittelalters, 1. Stuttgart 1980. Sp. 1178.
43 Concilium Attiniacense (= MGH Concilia aevi Karolini 1, 1). Erstdruck: Hannover 1906. Unveränderter Neudruck: Hannover 1979. S. 72-73.
44 Concilium Attiniacense. S. 72. Vgl. dazu: Schmid, Karl/Oexle, Otto Gerhard: Voraussetzungen und Wirkung des Gebetsbundes von Attigny. S. 85.
45 Koep, Leo: Das himmlische Buch in Antike und Christentum. S. 116.

die Memoria überhaupt erfüllen zu können, mussten Listen ausgetauscht werden, welche die Namen derjenigen enthielten, derer gedacht werden sollte.

Es handelt sich hierbei um das erste Zeugnis einer Synodalverbrüderung[46]. Die Liste der Unterzeichner beginnt mit Bischof Chrodegang von Metz, gefolgt von Heddo von Straßburg und 20 weiteren Bischöfen. Unter den Äbten fällt vor allen Dingen, bezogen auf das Thema dieser Arbeit, *Athaltbertus abbas de Fabarias* auf[47]. Dies ist das erste Zeugnis überhaupt, in dem von einem Kloster mit dem Namen Pfäfers gesprochen wurde. Reichenau und St. Gallen waren durch Bischof Johannes von Konstanz vertreten, zu dessen Diözese die beiden Konvente um 762 gehörten[48].

Die Synode von Attigny spiegelt die „Formation der fränkischen Reichskirche" im 8. Jahrhundert wider, bei der alle wichtigen Bischöfe, Abtbischöfe und Äbte anwesend waren[49]. Der Totenbund wurde von diesen geistlichen Würdenträgern, stellvertretend für die Klöster, getragen, während spätere Gebetsbünde bzw. Verbrüderungsverträge von den Monasterien selbst abgeschlossen wurden. Die eigentliche Bedeutung dieser Vereinbarung zeigt sich erst bei der Betrachtung des Reichenauer Verbrüderungsbuches, wie an späterer Stelle noch deutlicher wird, denn darin finden sich zahlreiche Listen der Kommunitäten wieder, die am Bund von Attigny teilnahmen.

---

46 Angenendt, Arnold: Theologie und Liturgie der mittelalterlichen Toten-Memoria. S. 174.
47 Concilium Attiniacense. S. 73.
48 Concilium Attiniacense. S. 73.
49 Schmid, Karl/Wollasch, Joachim: Die Gemeinschaft der Lebenden und Verstorbenen. S. 372.; dazu auch: Geuenich, Dieter: Die ältere Geschichte von Pfäfers im Spiegel der Mönchslisten des Liber Viventium Fabariensis. In: Frühmittelalterliche Studien, 9. 1975. S. 227f.

2.1.1 Die bayrische Synode von Dingolfing

Wenige Jahre nach der fränkischen Synode von Attigny fand im bayrischen Dingolfing 770 ein ähnliches Zusammentreffen statt, bei dem Bischöfe und Äbte fast dieselben Vereinbarungen trafen[50]. Deshalb ist es ausreichend, sie nur kurz zu erwähnen, jedoch notwendig, da ein Teil der in dem Vertrag aufgezeichneten Kommunitäten mit entsprechenden Namenlisten von circa 770 ebenso im Reichenauer Verbrüderungsbuch wieder auftaucht.

Unter der Regierungszeit Herzog Tassilos von Bayern trafen sich in Dingolfing 6 Bischöfe und 13 Äbte, die beschlossen, im Falle des Todes eines Vertragspartners je 100 Messen und Psalter singen zu lassen und 30 Messen selbst zu lesen. Die Gebetsleistungen wurden zusätzlich auf Priester und Mönche ausgeweitet, für die 30 Messen und Psalter gehalten werden sollten. Dies steht im Gegensatz zu Attigny, wo sich die Leistungen nur auf die Bischöfe, Abtbischöfe und Äbte begrenzten[51]. Kennzeichnend ist außerdem, dass die Auswirkungen des Gebetsbundes regional beschränkt waren.

2.2 Benedikt von Aniane und die *Regula Una*

Die Reformen des Benedikt von Aniane und Ludwigs des Frommen sind, zumindest indirekt, im Kontext der Anlage der Gedenkbücher zu sehen. Inwieweit die reformerischen Tätigkeiten direkte Auswirkungen darauf hatten, muss anschließend noch geklärt werden. Doch zuvor soll ein kurzer Überblick über das Mönchtum im Frühmittelalter gegeben werden, um die Bemühungen Benedikts historisch richtig einordnen zu können.

Das Mönchtum setzte sich im Bereich der lateinischen Kirche etwa in der 2. Hälfte des 4. Jahrhunderts durch und war durch altgallische Klostergrün-

---

50   Concilium Dingolfingense, hg. von Albert Werminghoff (= MGH Concilia aevi Karolini 1, 1). Erstdruck: Hannover 1906. Unveränderter Neudruck: Hannover 1979. S. 93-97.
51   Concilium Dingolfingense. S. 97.

dungen geprägt[52]. F. Prinz unterteilte die Geschichte des frühmittelalterlichen Mönchtums in ein Drei-Phasen-Model[53]. Die erste Phase umfasste nach seiner Auffassung die ersten Klostergründungen bis hin zum Auftreten des irischen Missionars Columban auf dem Festland um 590. Von diesem Zeitpunkt an bis zum Ende des 7. Jahrhunderts reichte die zweite Phase, welche vorwiegend durch die Verbindung von Mönchtum und Adel gekennzeichnet war. Die Verknüpfung geistlicher Ideale mit politischer Macht ermöglichte eine starke Ausbreitung der Wirkungskreise auf das gesamte Frankenreich und darüber hinaus. Verschiedenste Mönchsregeln herrschten vor, beginnend bei der Klosterregel des Columban[54], über die Benediktregel des Benedikt von Nursia[55] bis hin zur *Regula Mixta*, die sich aus mehreren Konventsregeln zusammensetzte.

Vom Beginn der angelsächsischen Mission an, also ab circa 690, setzte die dritte Phase ein, die für die Anlage der Gedenkbücher bedeutend ist, da ihre Entstehung in diesen Zeitraum fällt. Signifikant ist in jener Zeit die noch deutlichere Verbindung des Mönchtums mit den politisch aufstrebenden Karolingern. Sie wurde außerdem von der Benediktregel geprägt, denn die auf das europäische Festland gelangenden Missionare standen meist in ihrer Tradition, so dass andere monastische Regelungen langsam verdrängt wurden[56].

Im Kontext der dritten „Epoche" sind die Bemühungen Benedikts von Aniane um eine Klosterreform zu sehen. Als wichtigste Quelle über sein

---

52 Frank, Karl Suso: Grundzüge der Geschichte des christlichen Mönchtums. Darmstadt 1975 (= Wissenschaftliche Buchgesellschaft, 25). S. 35.
53 Prinz, Friedrich: Frühes Mönchtum im Frankenreich. Kultur und Gesellschaft in Gallien, den Rheinlanden und Bayern am Beispiel der monastischen Entwicklung (4. bis 8. Jahrhundert). Mit einem Kartenanhang. München² 1988. S. 541 f.
54 Regula monachorum sancti columbani, hg. von Otto Seebaß. In: Zeitschrift für Kirchengeschichte, 16. 1896. S. 366-387.
55 Die Benedictus-Regel. Lateinisch – deutsch, hg. von Basilius Seidle. Beuron 1975².
56 Frank, Karl Suso: Grundzüge der Geschichte des christlichen Mönchtums. S. 53.

Leben gilt die *Vita Benedicti*[57]. Er wurde um 750 geboren, lebte zeitweise als Anachoret und setzte sich anschließend mit der Benediktinerregel als einziger gültiger Norm auseinander[58]. Damit war das Ideal der *Una Regula* für die Klöster des Frankenreichs geschaffen, denn darin bestand Benedikts Hauptstreben. Von seiner Klostergründung Aniane aus entsandte er Mönche zu anderen Konventen und Bistümern, um die Benediktregel weiter zu verbreiten, hinzu kamen Schulungskurse für auswärtige Mönche in Aniane selbst[59].

814 berief Ludwig der Fromme Benedikt von Aniane an seinen Hof[60], von da an setzte eine intensive Reformperiode ein, die unter anderem vorsah, die Benediktregel zum allein gültigen Gesetz für sämtliche Klöster des Frankenreichs zu machen. Inwieweit die tatsächliche Umsetzung dieser Vorhaben gelang, wird nun im folgenden Kapitel zu klären sein.

2.2.1 Die Reformen Ludwigs des Frommen im Kontext der sogenannten „anianischen Reform"

Ludwig der Fromme trat das Erbe Karls des Großen 814 an und war schon seit 813 Mitkaiser. Vom Beginn seiner Regierung an setzte eine Reformperiode ein, die etwa bis 821 andauerte, da bis dahin ein gewisser Abschluss erreicht wurde[61]. Die einzelnen Neuregelungen betrafen nahezu sämtliche politische Bereiche, so dass sie nicht allesamt vorgestellt werden können.

---

57 Vita Benedicti abbatis anianensis et indensis auctore ardone, ed. Hermann Waitz (= MGH Scriptorum, 15). Erstdruck: Hannover 1887. Unveränderter Nachdruck: Stuttgart 1963. S. 198-220.
58 Semmler, Josef: Benedikt von Aniane. In: Lexikon des Mittelalters, 1. Stuttgart 1980. Sp. 1864 f.
59 Semmler, Josef: Benedikt von Aniane. Sp. 1864.
60 Geuenich, Dieter: Kritische Anmerkungen zur sogenannten „anianischen Reform". In: Bauer, Dieter R./Hiestand, Rudolf/Kasten, Brigitte/Lorenz, Sönke (Hrsg.): Mönchtum – Kirche – Herrschaft 750-1000. Sigmaringen 1998. S. 102.
61 Angenendt, Arnold: Das Frühmittelalter. Die abendländische Christenheit von 400 bis 900. Stuttgart 1995². S. 361 f.

Im Mittelpunkt seiner Bemühungen stand allerdings immer die Idee des *Imperium Christianum*[62]. Wohl aus diesem Grund konsultierte Ludwig Benedikt von Aniane und holte ihn 814 an seinen Hof.

Bereits zwei Jahre später fand eine erste Synode in Aachen statt zur Neureglementierung des monastischen und klerikalen Lebens[63]. Durchgesetzt werden sollte unter anderem die *Regula Una*, die Benediktsregel, als verbindliche Norm aller Klöster, sowie der Verzicht auf Besitz, lebenslanges Verbleiben im Kloster usw. Anhand dieser Versammlung verdeutlicht sich die oben bereits angesprochene Gegenseitigkeit bzw. gegenseitige Abhängigkeit zwischen karolingischem Königtum und der kirchlichen Organisation in der dritten Phase. Das benediktische Mönchtum muss als „eine Form königlich-fränkischer Machtausbreitung" betrachtet werden[64]. Zur Umsetzung der Neuregelungen wurde in der Nähe von Aachen ein Konvent, Kornelimünster, gegründet, welcher die Funktion eines „Musterklosters" für das gesamte Frankenreich erfüllen sollte. Benedikt verblieb dort zwischen 815-817[65]. Zur Bestätigung und Präzisierung der Forderungen der

---

62 Angenendt, Arnold: Das Frühmittelalter. S. 363.
63 Conclium Aquisgranense 816, hg. von Albert Werminghoff (= MGH Concilia Aevi Carolini, 2,1). Erstdruck: Hannover 1906. Unveränderter Neudruck: Hannover 1979. S. 307-464.
64 Brandi, Karl: Die Gründung des Klosters. In: Beyerle, Konrad: Die Kultur der Abtei Reichenau. Erinnerungsschrift zur zwölfhundertsten Wiederkehr des Gründungsjahres des Inselklosters 724-1924. Bd. 2. Neudruck der Ausgabe München 1925. Aalen 1970. S. 10.; Dazu auch: Wollasch, Joachim: Mönchtum des Mittelalters zwischen Kirche und Welt. München 1973 (= Münstersche Mittelalter-Schriften). S. 18.
65 Geuenich, Dieter: Gebetsgedenken und anianische Reform-Beobachtungen zu den Verbrüderungsbeziehungen der Äbte im Reich Ludwigs des Frommen. In: Kottje, Raimund/Maurer, Helmut (Hrsg.): Monastische Reformen im 9. und 10. Jahrhundert. Sigmaringen 1989 (= Vorträge und Forschungen, 38). S. 86.

ersten Synode von 816 fanden 817[66] und 819[67] zwei weitere in Aachen statt.

Da die Beschlüsse der drei Versammlungen zumindest grob zusammengefasst erläutert worden sind, ist es nun sinnvoll, zu der Ausgangsfrage zurückzukehren, inwieweit die sogenannte „anianische Reform" Auswirkungen auf das Mönchtum und damit auf die Verbrüderungsbewegung hatte. Die Bewertungen der Erfolge der Reformen differenzieren sich in der Forschung recht stark voneinander. Die meisten Historiker, wie beispielsweise J. Wollasch und A. Angenendt, räumten ein, dass die praktische Durchführung der Reformen sowie ihre Erfolge bisher nicht geklärt ist[68]. J. Semmler ging entweder von einer „Fernwirkung" der Reformen aus oder einem „schnellen Erlöschen"[69].

Ein weiterer interpretatorischer Ansatz von K. S. Frank beruft sich auf die Gesetzgebung von Karl dem Großen, genauer auf dessen Inspektionsordnung von 784, und dem Kaiserprogramm von 804, wo es ebenso um die Einführung der Benediktregel als einziger allgemeingültiger Mönchsregel ging[70]. Die Forderungen Ludwigs des Frommen und Benedikts von Aniane wären demnach nur die Fortführung und gegebenenfalls Vollendung der Bestrebungen Karl des Großen gewesen[71].

---

66 Concilium Aquisgranense 817, hg. von Albert Werminghoff (= MGH Concilia Aevi Carolini, 2,1). Erstdruck: Hannover 1906. Unveränderter Neudruck: Hannover 1979. S. 464-466.
67 Concilium Aquisgranense 819, hg. von Albert Werminghoff (= MGH Concilia Aevi Carolini, 2,2). Erstdruck: Hannover 1908. Unveränderter Nachdruck: Hannover 1979. S. 467-468.
68 Wollasch, Joachim: Mönchtum des Mittelalters zwischen Kirche und Welt. S. 144.; vgl. Angenendt, Arnold: Das Frühmittelalter. S. 367.
69 Semmler, Josef: Benedikt von Aniane. Sp. 1865.
70 Capitularia regum Francorum, hg. von Alfred Boretius (= MGH Capitularia regum Francorum, 1). Erstdruck: Hannover 1883. Unveränderter Neudruck: Hannover 1984. S. 51-52 und S. 108-109.
71 Frank, Karl Suso: Grundzüge der Geschichte des christlichen Mönchtums. S. 53.

Eine weitere Forschermeinung lehnt den Begriff der „anianischen Reform" vollkommen ab, die dabei vorgenommene Kritik bezieht sich sowohl auf den inhaltlichen Bergriff als auch auf die Quellenlage und Auswirkungen[72]. Bei der Bezeichnung „anianische Reform" erstreckt sich die Kritik darauf, dass die Assoziation geweckt wird, das Kloster Aniane habe die Durchsetzung der *Regula Una* angestrebt und wäre nicht an die Person Benedikts von Aniane gebunden. Das Monasterium wurde nämlich nach dem Weggang seines Abtes bedeutungslos, so dass der Begriff „anianische Reform" irreführend ist[73]. Der wohl bedeutendste Kritikpunkt bezieht sich auf die Hauptquelle, der *Notitia de servitio monasteriorum*, auf die sich sämtliche Forscher beziehen[74]. Darin sind 84 Klöster aufgelistet, die die Reform angenommen haben sollen. Abgesehen davon, dass sie nur aus einer Abschrift des 17. und 18. Jahrhunderts erhalten blieb, bestehen Zweifel, inwieweit das Dokument als „rechtserheblicher Text" erlassen wurde oder nur zur „Vorlage" eines nicht erlassenen Beschlusses diente[75].

Ob die Auswirkungen aufgrund der geschilderten Vermutungen überhaupt jemals erklärbar werden, bleibt um so mehr zweifelhaft. Das benediktische Mönchtum hat, soviel steht fest, das gesamte Mönchtum bis ins hohe Mittelalter hinein stark geprägt, ob dies allein auf die Bestrebungen Ludwigs des Frommen und Benedikts von Aniane zurückgeht, bleibt zweifelhaft.

Ein für die monastische Verbrüderungsbewegung interessanter Aspekt zeigt sich in der Gebetsverbrüderung zwischen den beiden Klöstern Maursmünster und Reichenau zwischen 815 und 817 in jener Zeit, in der

---

72 Geuenich, Dieter: Kritische Anmerkungen zur sogenannten „anianischen Reform". S. 100 f.
73 Geuenich, Dieter: Kritische Anmerkungen zur sogenannten „anianischen Reform". S. 102.
74 Notitia de servitio monasteriorum 817. In: Capitularia regum Francorum, hg. von Alfred Boretius (= MGH Capitularia regum Francorum, 1). Erstdruck: Hannover 1883. Unveränderter Neudruck: Hannover 1984. S. 350-353.
75 Geuenich, Dieter: Kritische Anmerkungen zur sogenannten „anianischen Reform". S. 108.

Benedikt von Aniane in Maursmünster lebte[76]. An dieser Stelle deutet sich eine erste deutliche Verknüpfung an zwischen den Bestrebungen Benedikts und der klösterlichen Gebetsverbrüderung im frühen Mittelalter. Direkte Bezüge zur Anlage der Gedenkbücher können so zwar nicht ausgemacht werden, aber immerhin indirekte.

2.3 Die klösterliche Verbrüderungsbewegung

Die Memoria ist mit der Gebetsverbrüderung eng verbunden. Dies erklärt sich allein schon durch die Funktion der Klöster als Stätten des Gebets, in denen ja nicht nur für den Konvent selbst, sondern auch für andere, seien es Stifter oder Wohltäter, Fürbitten geleistet wurden. Die rein klösterlichen Gebetsverbrüderungen im fränkischen Raum stellen eine besondere Form der Verbrüderungsbewegung im frühen Mittelalter dar und sind deshalb im Folgenden zu betrachten.

Der Beginn der klösterlichen Gebetsverbrüderungen ist nicht auszumachen, jedoch kann man davon ausgehen, dass es gegenseitige Fürbitten und geistige Hilfe für andere gab, seitdem Monasterien existieren[77]. Dementsprechend sind auch einzelne Verbrüderungen zwischen Klöstern schon in frühester Zeit nicht auszuschließen. Der Höhepunkt der Bewegung lag wohl zweifellos im 8. Jahrhundert[78], wie nicht zuletzt die bereits erwähnten Gebetsbünde von Attigny und Dingolfing verdeutlichen, denn ein großer Teil der im Reichenauer Gedenkbuch enthaltenen Kommunitäten aus der Anlagezeit geht in ihrem Namenbestand auf Listen aus der Zeit der beiden Synoden zurück.

Bevor der Frage nachgegangen werden kann, welche Faktoren eine zunehmende klösterliche Verbrüderung begünstigten, erscheint es unumgänglich,

---

76   Geuenich, Dieter: Gebetsgedenken und anianische Reform-Beobachtungen zu den Verbrüderungsbeziehungen der Äbte im Reich Ludwigs des Frommen. S. 86.

77   Ebner, Adalbert: Die klösterlichen Gebetsverbrüderungen bis zum Ausgange des karolingischen Zeitalters. S. 27.

78   Schmid, Karl: Mönchtum und Verbrüderung. S. 138.

den Begriff der Gebetsverbrüderung zu differenzieren. Die allgemeine Verbrüderung zweier Klöster zum Zweck des liturgischen Gedenkens lässt sich am besten als *societas* bezeichnen und stellte die häufigere frühmittelalterliche Form der Verbrüderung dar. Die eigene Mönchsgemeinschaft dagegen und diejenigen, die dieselben liturgischen bzw. karitativen Leistungen beim Totengedenken erhielten und damit faktisch Konventsmitglieder waren, sind dem Kreis der *fraternitas* zuzurechnen[79]. Die Bezeichnung *fraternitas* versteht sich allerdings eher als Forschungsbegriff denn als zeitgenössischer, da er im frühen Mittelalter ungebräuchlich war und erst seit dem 10. Jahrhundert nachweisbar ist[80].

Eine Grundlage der klösterlichen Verbrüderung lieferte die Einführung der Benediktregel als einheitliche Ordnung und geistliche Verbindung zahlreicher Klöster[81]. Die Verbrüderungsbewegung scheint dadurch, verbunden mit der angelsächsischen Missionierung, stark gefördert worden zu sein, d.h. jedoch nicht, dass sie von dort ausging[82], wie noch in der älteren Forschung behauptet wurde[83]. Die angelsächsische Beteiligung deuten die Briefe des Bonifatius an, der immer wieder in den Schriften an sein Heimatland um Gebetshilfe bat[84].

---

79 Schmid, Karl/Wollasch, Joachim: Societas et Fraternitas. S. 3.; vgl. Wollasch, Joachim: Das Projekt ‚Societas et Fraternitas'. In: Geuenich, Dieter/Oexle, Otto Gerhard (Hrsg.): Memoria in der Gesellschaft des Mittelalters. Göttingen 1994. S. 17 f.

80 Schmid, Karl/Wollasch, Joachim: Societas et Fraternitas. S. 3; vgl. Schmid, Karl/Oexle, Otto Gerhard: Voraussetzungen und Wirkung des Gebetsbundes von Attigny. S. 80.

81 Ebner, Adalbert: Die klösterlichen Gebetsverbrüderungen bis zum Ausgange des karolingischen Zeitalters. S. 29.

82 Schmid, Karl/Oexle, Otto Gerhard: Voraussetzungen und Wirkung des Gebetsbundes von Attigny. S. 82.

83 Ebner, Adalbert: Die klösterlichen Gebetsverbrüderungen bis zum Ausgange des karolingischen Zeitalters. S. 31 f.

84 Briefe des Bonifatius. Wilibalds Leben des Bonifatius, hg. von Rheinhold Rau (= Ausgewählte Quellen zur deutschen Geschichte des Mittelalters. Freiherr vom Stein-Gedächtnisausgabe, 4b). Darmstadt 1968. Bsp. 1: Brief an den Erzbischof Nothelm von Canterbury. S. 108-112.; Bsp. 2: Brief an eine namentlich ungenannte Nonne. S. 204-206.

Zur Durchführung gegenseitiger Gebetsverpflichtungen zweier oder mehrerer Konvente wurden Namenlisten aller Konventsmitglieder gegenseitig ausgetauscht. Die dabei getroffenen Vereinbarungen erhielten eine verbindliche und rechtsgültige Form durch den Abschluss eines Vertrages[85]. Die Interdependenz der Vereinbarungen ist das charakteristische Merkmal dieser Vertragstexte, die liturgische und karitative Leistungen genau regeln. Während die Verbrüderung zunächst noch im 8. Jahrhundert stellvertretend durch Bischöfe für die Klöster abgeschlossen wurden, wie die Gebetsbünde von Attigny und Dingolfing zeigen, an denen ja mehr Bischöfe als Klosteräbte anwesend waren, änderte sich dies zu Beginn des 9. Jahrhundert, indem die Äbte der Klöster direkt Verträge abschlossen. Schon im Verlauf des 9. Jahrhunderts lässt sich eine deutliche Abnahme der rein klösterlichen Verbrüderungen feststellen. Der Zerfall der Bewegung erklärt sich vorwiegend durch äußere Umstände, die zum Niedergang der Klöster führten[86]. Zahlreiche Krisen im Frankenreich, beginnend bei der Reichsteilung bis hin zu Normannen-, Ungarn- und Sarazeneneinfällen und Hungerkatastrophen, führten letztendlich zur Vernachlässigung der Gebetsverpflichtungen und damit zur Stagnation neuer vertraglicher Vereinbarungen. Die gesamten fränkischen Monasterien, welche stark in das karolingische Machtgefüge eingearbeitet waren, bekamen solche krisenhaften Situationen besonders zu spüren. Mit dem Ende des karolingischen Frankenreichs zerfiel auch das Reichsmönchtum[87]. An die Stelle rein klösterlicher Verbrüderungen traten die der Kleriker und Laien, welche im folgenden Kapitel zu erläutern sind.

---

85 Schmid, Karl: Gebetsverbrüderungen. In: Lexikon des Mittelalters, 4, Stuttgart 1989. Sp. 1161.
86 Althoff, Gerd: Zur Verschriftlichung von Memoria in Krisenzeiten. In: Geuenich, Dieter/Oexle, Otto Gerhard (Hrsg.): Memoria in der Gesellschaft des Mittelalters. Göttingen 1994. S. 60.
87 Wollasch, Joachim: Die mittelalterliche Lebensform der Verbrüderung. In: Schmid, Karl/Wollasch, Joachim (Hrsg.): Memoria. Der geschichtliche Zeugniswert des liturgischen Gedenkens im Mittelalter. München 1984 (= Münstersche Mittelalter-Schriften, 48). S. 221.

Interessanterweise fällt die Anlage der Gedenkbücher, nicht nur der des Bodenseeraums, sondern aller im Frankenreich entstandenen, nicht in die Zeit des Höhepunkts der klösterlichen Verbrüderungsbewegung im 8. Jahrhundert, sondern erst ins 9. Jahrhundert. Hierzu findet sich eine einfache, aber einleuchtende Erklärung. Im Zuge der Katastrophen im Frankenreich ebbte die Verbrüderung ab, und bereits bestehende Verpflichtungen wurden häufig vernachlässigt[88]. Aus Furcht vor dem Verlust des eigenen Seelenheils, das durch die Vernachlässigung der bestehenden Gebetsverpflichtungen gefährdet war, musste ein Ausweg zur Einhaltung gefunden werden, nämlich durch die Anlage von Verbrüderungsbüchern, in die sämtliche vorhandene Listen eingetragen wurden. Gerade bei der Entstehung des Reichenauer Gedenkbuches spielen Ängste vor den Strafen im Jenseits eine besondere Rolle, die sich durch die Vision des Mönches Wetti verstärkten, der dort Menschen sah, die durch Nichteinhaltung versprochener Gebetsleistungen bestraft wurden[89]. Die Vision ist an späterer Stelle noch genauer zu analysieren.

2.3.1 Die laikale und klerikale Verbrüderung

Die klösterliche Verbrüderungsbewegung befand sich durch die bereits beschriebenen Katastrophen in einer Krise, an ihre Stelle trat die der Laien und Kleriker. Dies bedeutet nicht, dass überhaupt keine Verbrüderungen zwischen Konventen mehr abgeschlossen wurden, es kam jedoch zu einer Schwerpunktverlagerung.

Während bei der Verbrüderungsbewegung der Klöster dieselben füreinander beteten, folglich die Gegenseitigkeit liturgischer und karitativer Handlungen konstituierend war, war dies bei der Einbeziehung von Laien in das liturgische Gedenken nicht praktikabel. Diese mussten, um Gebetshilfe zu

---

88 Schmid, Karl: Mönchtum und Verbrüderung. S. 139.
89 Wahlafrid Strabi Carmina, hg. von Ernest Dümmler (= MGH Poetae latini aevi carolini, 2). Berlin 1964. S. 259-422.

erhalten, Geld spenden oder Schenkungen bzw. Stiftungen vornehmen[90]. Im Gegenzug erwiesen sich die Konvente wiederum als wohltätig und erbrachten Gebetsleistungen und dehnten diese sogar teilweise auf Verwandte der Wohltäter aus. Schenkungen und Stiftungen sind demnach häufig für das Seelenheil vorgenommen worden[91]. Die sicherste Gewähr zur Einhaltung der versprochenen Leistungen bot der Eintrag in ein Gedenkbuch, da die dort eingetragenen Namen nicht mehr so leicht verloren gehen konnten. Aufgrund dessen finden sich Tausende von Laieneinträgen in sämtlichen erhaltenen Gedenkbüchern. Die Namenmassen wurden teilweise so groß, dass in den Verbrüderungsbüchern an Stellen, die für verbrüderte Konvente reserviert waren, Laiengruppen die Ordnung durchbrachen. Die Vereinbarungen bezüglich der Memoria konnten Gebete, Votivmessen und Armenspeisungen umfassen und gingen normalerweise über den Tod hinaus[92], um Gott an den Verstorbenen zu erinnern und seine Seele zu retten.

Die Einbeziehung von Laien und Klerikern in die Memoria der Klöster erstreckte sich auf sämtliche Bevölkerungsschichten, beginnend bei der Königsfamilie, Adligen und Bischöfen bis hin zu Unfreien. Ein frühes Beispiel für das große Interesse eines Königs, aus Angst um sein Seelenheil in das Gebetsgedenken eines Klosters aufgenommen zu werden, veranschaulicht die Lebensbeschreibung des heiligen Maurus (584 gest.). Darin wird beschrieben, wie sich der merowingische König Theodebert I. (534-548) vor dem heiligen Maurus niederkniete und ihn unter Tränen aufforderte, seinen Namen einzutragen und ihn ins Kloster aufzunehmen[93].

---

[90] Angenendt, Arnold: Theologie und Liturgie der mittelalterlichen Toten-Memoria. S. 116. dazu auch: Oexle, Otto Gerhard: Mahl und Spende im mittelalterlichen Totenkult. S. 410 f.
[91] Ebner, Adalbert: Die klösterlichen Gebetsverbrüderungen bis zum Ausgange des karolingischen Zeitalters. S. 22.; dazu auch: Schmid, Karl/Wollasch, Joachim: Societas et Fraternitas. S. 4 f.
[92] Oexle, Otto Gerhard: Mahl und Spende im mittelalterlichen Totenkult. S. 411.
[93] Ebner, Adalbert: Die klösterlichen Gebetsverbrüderungen bis zum Ausgange des karolingischen Zeitalters. S. 25.

Die Stagnation der klösterlichen Gebetsverbrüderungen ließ sich durch die Krisen im Frankenreich erklären, das zunehmende Interesse der Laien an der Teilhabe des Gebets klang bisher allerdings nur kurz an. Die Zunahme der Laieneinträge fiel mit den Katastrophen, Überfällen und schließlich dem Zerfall des fränkischen Reichs zusammen[94]. Diese negativen Geschehnisse deutete der mittelalterliche Mensch normalerweise als Signum für den Zorn Gottes, und dementsprechend sorgte er sich um sein Seelenheil. Die Bestrebungen, die Gebetshilfe der Klöster in Anspruch zu nehmen, muss als eine direkte Reaktion darauf verstanden werden[95]. Die Konvente boten als Zentren, in denen nach „Gottes Wort" weitestgehend gelebt wurde, die einzige Zuflucht.

Die Memoria an die Lebenden stand im Vordergrund bei der Aufnahme der Namen ins Gebetsgedächtnis bzw. in die Gedenkbücher. Allmählich verlagerte sich der Schwerpunkt hin zum Totengedächtnis, wobei der Höhepunkt desselben im 10. Jahrhundert auszumachen ist[96]. Wie bereits oben erläutert, dominierten von da an Necrologien und verdrängten die Gedenkbücher weitestgehend.

2.4 Der Verbrüderungsvertrag von St. Gallen und Reichenau

Die hauptsächliche Bedeutung des Verbrüderungsvertrages von St. Gallen und Reichenau liegt vor allem in seiner Funktion als „Mustervertrag". Gerade in St. Gallen diente er als Vorlage für zahlreiche weitere Verbrüderungen z.B. mit Bobbio 846, Disentis 846, Schienen 846, Kempten 865, Rheinau 885 und Murbach 886[97].

---

94 Schmid, Karl: Mönchtum und Verbrüderung. S. 142.
95 Althoff, Gerd: Zur Verschriftlichung von Memoria in Krisenzeiten. S. 56 f.
96 Schmid, Karl: Mönchtum und Verbrüderung. S. 146.
97 Geuenich, Dieter: Die Sankt Galler Gebetsverbrüderungen. S. 29.

Im Jahre 800 schlossen der Sankt gallische Abt Werdo (784-812) und Waldo (786-806), Abt des Inselklosters Reichenau und zuvor Abt von St. Gallen, einen Vertrag, der das gegenseitige Totengedenken regelte. Es handelt sich um den ältesten noch erhaltenen Vertrag einer klösterlichen Verbrüderung – die Synode von Attigny wurde ja vorwiegend von Bischöfen, stellvertretend für ihre Konvente, abgeschlossen. Von wem der Vertrag ausging, lässt sich nicht mehr ermitteln, wahrscheinlich aber von Waldo, da er die einflussreichere Persönlichkeit war[98].

Der Verbrüderungsvertrag ist in zweifacher Form im Codex Sangallensis 915 überliefert, den P. Piper bei der Herausgabe der Gedenkbücher von St. Gallen, Reichenau und Pfäfers mit berücksichtigte[99]. Die Handschrift umfasst ein Kapiteloffiziumsbuch, welches im 11. Jahrhundert aus Bestandteilen des 9., 10. und 11. Jahrhunderts zusammengefasst wurde. Sie enthält mehrere Verbrüderungsverträge, Regeltexte, ein Martyrolog und Necrologien[100].

Die vertraglichen Vereinbarungen beschränkten sich auf liturgische Handlungen und umfassten noch keine sozial-karitativen Leistungen, wie z.B. Armenspeisungen[101]. Die Leistungen bezogen sich beim Tode eines verstorbenen Mönches darauf, dass die Priester noch am selben Tag drei Messen halten mussten und die übrigen Brüder einen Psalter und die Virgil

---

98   Schmid, Karl: Die Zeugnisse der Mönchsgemeinschaften Reichenaus und St. Gallens im Vergleich. In: Rappmann, Roland/Zettler, Alfons (Hrsg.): Die Reichenauer Mönchsgemeinschaft und ihr Totengedenken im frühen Mittelalter. Sigmaringen 1998 (= Archäologie und Geschichte 5). S. 13.

99   Libri confraternitatum Sancti Galli, Augiensis, Fabariensis, hg. von Paul Piper (= MGH Libri confraternitatum). Hannover 1884. unveränderter Nachdruck München 1984. S. 140-141.

100   Vgl. dazu: Geuenich, Dieter: Liturgisches Gebetsgedenken in St. Gallen. In: Ochsenbein, Peter (Hrsg.): Das Kloster St. Gallen im Mittelalter. Die kulturelle Blüte vom 8. bis zum 12. Jahrhundert. Darmstadt 1999. S. 83-95.

101   Geuenich, Dieter: Liturgisches Gebetsgedenken in St. Gallen. S. 85.

sangen[102]. Am siebten Tag sollte der Konvent 30 Psalme darbringen, am dreißigsten Tag 50 Psalme, hinzu kam je eine Messe aller Priester. Am Ende eines jeden Monats feierten die Klostermitglieder die Virgil, in der aller verstorbenen Brüder gedacht wurde. Zusätzlich erfolgte eine Messe pro Priester und die Lesung von 50 Psalmen durch die anderen Brüder. Den Abschluss des Vertrages bildete die Vereinbarung, einmal im Jahr, am 14. November, aller Verstorbenen zu gedenken, die *Commemoratio omnium*, durch die Lesung dreier Messen jedes einzelnen Priesters und das Singen des Psalter durch die Mönche, dann erfolgte die Feier der Virgil.

Die einzelnen Gebetsleistungen sind deshalb an dieser Stelle so detailliert wiedergegeben, um einen Eindruck des Umfangs und der genauen Reglementierung des Totengedenkens zu geben. Im Jahre 945 erneuerten St. Gallen unter Abt Craloh (942-958) und Abt Alawigus von Reichenau den Vertrag und erweiterten ihn[103]. Die liturgischen Handlungen blieben in etwa gleich, nur die Hinzunahme der Armenspeisung erweist sich als wesentlicher Unterschied. Die Tagesration des Verstorbenen sollte jährlich am Todestag an Arme weitergegeben werden und unterbrochen dreißig Tage lang nach seinem Tod[104]. Langfristig gesehen, übertraf die neu getroffene Vereinbarung die wirtschaftliche Leistungsfähigkeit der Konvente, denn der immer größeren Zahl der Verstorbenen stand keine parallel dazu anwachsende Wirtschaftsleistung der Klöster gegenüber. Vor allem seit dem 11. und 12. Jahrhundert führte dies zu massiven finanziellen Problemen[105].

Die wohl wichtigsten Faktoren, die zur Entstehung der Verbrüderungsbücher führten, wurden bereits erläutert, beginnend bei den Synoden von At-

---

102 Libri confraternitatum Sancti Galli, Augiensis, Fabariensis, hg. von Paul Piper. S. 140.
103 Libri confraternitatum Sancti Galli, Augiensis, Fabariensis, hg. von Paul Piper. S. 141-142.
104 Libri confraternitatum Sancti Galli, Augiensis, Fabariensis, hg. von Paul Piper. S. 142.
105 Geuenich, Dieter: Die Sankt Galler Gebetsverbrüderungen. In: Vogler, Werner (Hrsg.): Die Kultur der Abtei Sankt Gallen. Stuttgart 1990. S. 36.

tigny und Dingolfing, den Reformen Benedikts von Aniane und Ludwigs des Frommen bis hin zu der klösterlichen und laikalen Verbrüderungsbewegung, wobei der Verbrüderungsvertrag von Reichenau und St. Gallen musterhaft zu sehen ist. Dies ermöglicht, im Anschluss auf die Gedenkbücher des Bodenseeraums einzugehen. Am Anfang stehen die Memorialbücher von St. Gallen, da sie zu den ältesten überhaupt gehören.

3 Die Verbrüderungsbücher des Klosters St. Gallen

3.1 Zur frühen Geschichte des Konvents bis zur Anlage des älteren Verbrüderungsbuches

Das Kloster St. Gallen lag an der Steinach zwischen Bodensee und Alpenstein in der heutigen Schweiz. Die wichtigste Quelle zur Frühgeschichte des Konvents ist die Vita St. Galli, die dreifach überliefert wurde[106]. Nach bisherigem Kenntnisstand gilt die Vita als relativ zuverlässig[107]. Darin wird von dem irischen Wandermönch Gallus (um 550 geb.) berichtet, der gemeinsam mit Columban (615 gest.) in den alemannischen Raum kam und dort eine Zelle im Jahre 612 gründete[108]. Der Bodenseeraum war zu jener Zeit ein Hinterland des Frankenreichs, so dass das Kloster schon bald nach dem Tod des Gallus bedeutungslos wurde.

Die älteste Schenkungsurkunde stammt aus der Zeit um 700[109], die Bezeichnung *monasterium sancti Gallonis* findet sich in einer Urkunde aus der Abbationszeit Otmars (719-759)[110]. Unter ihm erfolgte die dauerhafte

---

106 Vita St. Galli confessoris triplex, hg. von Bruno Krusch (= MGH Scriptorum rerum Merovingicum, Passiones Vitaeque Sanctorum Aevi Merovingici 4,1,2). Erstdruck: Hannover 1902. Unveränderter Nachdruck: Hannover 1977.
107 Duft, Johannes/Gössi, Anton/Vogler, Werner: Die Abtei St. Gallen. Abriß der Geschichte. Kurzbiographien der Äbte. Das stift-sanktgallische Offizialat. St. Gallen 1986. S. 16.
108 Vgl. zur Datierung der Gründung: Duft, Johannes/Gössi, Anton/Vogler, Werner: St. Gallen. In: Helvetia Sacra, hg. vom Kuratorium der Helvetia Sacra. Abteilung III. Die Orden mit Benediktregel. Bd. 1, 2. Teil. Bern 1986. S. 1180.
109 Urkundenbuch der südlichen Teile des Kantons St. Gallen. Bd. 1, hg. von Franz Perret. Rorschach 1961. Nr. 7. S. 6-7.
110 Urkundenbuch der südlichen Teile des Kantons St. Gallen. Bd. 1. Nr. 9. S. 10-11.

Einrichtung des Gallusklostes, das bis ins 19. Jahrhundert hinein Bestand hatte. Zu Beginn des 8. Jahrhunderts stand das Kloster zwischen den beiden Machtfaktoren in Alemannien, den alemannischen Herzögen und den merowingischen Königen bzw. karolingischen Hausmeiern. Der in der ersten Hälfte des 8. Jahrhunderts starke alemannische Einfluss spiegelt sich vorwiegend durch die Besitzungen St. Gallens wider, die ausschließlich im alemannischen Raum waren[111]. Während auf der einen Seite die Herzöge mit ihren verbündeten Adelsgruppen die Unabhängigkeit vom Frankenreich bewahren wollten, versuchten die karolingischen Hausmeier andererseits in Alemannien an Einfluss zu gewinnen. Dies geschah nicht zuletzt durch die Eingliederung der Klöster, indem sie zu Reichsklöstern gemacht wurden. Die Bedeutung der Monasterien darf in diesem Zusammenhang nicht nur auf das geistige Leben beschränkt werden, die kulturelle, wirtschaftliche und militärische Funktion eines Klosters im frühen Mittelalter ist ebenfalls zu berücksichtigen[112]. Das naheliegende fränkische Bistum Konstanz ist in diesem Kontext als Vorposten der karolingischen Macht zu verstehen, das immer wieder versuchte, St. Gallen der Diözese unterzuordnen.

Nach der Unterwerfung Alemanniens 746 befahl Karlmann ein Jahr später die Benediktregel für St. Gallen[113]. Hier zeigt sich eine deutliche Einflussnahme der fränkischen Zentralgewalt. Die endgültige Eingliederung des Gallusklosters erfolgte 759. König Pippin setzte Otmar noch im selben Jahr aufgrund von Unstimmigkeiten gefangen, der Abt starb kurze Zeit dar-

---

111   Prinz, Friedrich: Frühes Mönchtum im Frankenreich. S. 229.
112   Die politische, militärische und wirtschaftliche Bedeutung der frühmittelalterlichen Klöster im alemannisch-elsässischen Raum kann in dieser Arbeit nicht näher erläutert werden. Genauere Ausführungen finden sich z.B. bei: Büttner, Heinrich: Geschichte des Elsaß 1. Politische Geschichte des Landes von der Landnahmezeit bis zum Tode Ottos III. Ausgewählte Beiträge zur Geschichte des Elsaß im Früh- und Hochmittelalter. Sigmaringen 1991.; Parisse, M.: Kloster, Geschichte. In: Lexikon des Mittelalters, 5. Stuttgart 1991. Sp. 1218-1224.
113   Urkundenbuch der Abtei St. Gallen, hg. von Hermann Wartmann. Erstdruck: Frankfurt 1863. Unveränderter Nachdruck: Frankfurt 1981. Nr. 4. S. 48. vgl. Duft, Johannes/Gössi, Anton/Vogler, Werner: St. Gallen. S. 1189.

auf[114]. Danach wurde das Galluskloster dem Bistum Konstanz unterstellt. Bischof Johannes von Konstanz, der gleichzeitig schon Abt des Reichenauer Konvents war, erhielt nun auch die Abtwürde von St. Gallen zwischen 759/60 und 782, so dass folglich eine Personalunion zwischen den beiden Klöstern bestand. Die fränkische Reichsgewalt setzte sich allmählich durch.

Nach und nach löste sich das Galluskloster wieder von Konstanz und erhielt 818 schließlich ein Immunitätsprivileg von Ludwig den Frommen[115]. Das 9. Jahrhundert wird als das „Goldene Zeitalter" des Klosters bezeichnet, denn in dieser Zeit blühte es wirtschaftlich und kulturell auf, wie nicht zuletzt die Errichtung der beiden Klosterschulen verdeutlicht[116]. Nach dem Abbiat des Bischofs von Konstanz folgten Ratpert (782) und Waldo (782-784). Die Anlage des älteren St. Galler Verbrüderungsbuches um 810 erfolgte entweder unter Abt Werdo (784-812) oder unter Wolfleoz (812-816).

Nach den Wirren der Französischen Revolution 1789 verlor das Kloster St. Gallen einen großen Teil seines Besitzes und war dementsprechend kaum mehr überlebensfähig. Auf Bitten des St. Galler Konvents beschloss der Große Rat des Kantons St. Gallen am 3. Mai 1805 die Auflösung desselben.

3.2 Die Entstehung der Verbrüderungsbücher

Die allgemeinen Beweggründe, die zur Entstehung der Gedenkbücher im Frühmittelalter führten, wurden bereits oben erläutert. Die Besonderheit der St. Galler Verbrüderungsbücher besteht darin, dass dort zwei Codices angelegt wurden. Das ältere Gedenkbuch lässt sich auf circa 810 datieren, das

---

114 Duft, Johannes/Gössi, Anton/Vogler, Werner: St. Gallen. S. 1190.
115 Urkundenbuch der Abtei St. Gallen. Nr. 663. 226.
116 Duft, Johannes/Gössi, Anton/Vogler, Werner: St. Gallen. S. 1192.

jüngere auf etwa 870[117]. Zusammen enthalten sie ungefähr 15.000 Namen[118].

Dass es sich um zwei unabhängige St. Galler Verbrüderungsbücher handelt, blieb der älteren Forschung lange Zeit verborgen. Bereits 1884 brachten E. Arbenz[119] und P. Piper[120] unabhängig voneinander die beiden St. Galler Verbrüderungsbuch heraus, in dem festen Glauben, es handle sich um ein einziges zusammenhängendes Buch. E. Arbenz verband seine Edition mit dem St. Galler Professbuch, während P. Piper auch noch die Gedenkbücher von Reichenau und Pfäfers mit in seine Ausgabe hinzunahm. Der Hauptgrund für die Fehlinterpretation der St. Galler Memorialquellen im 19. Jahrhundert begründet sich wohl vorwiegend durch die Art der Überlieferung der beiden Gedenkbücher, denn sie wurden nur noch fragmentarisch, einem Torso vergleichbar, überliefert[121]. Dies erklärt sich vorwiegend durch das starke Interesse an den Namenlisten im Spätmittelalter, weshalb ein Teil der Pergamentblätter herausgenommen wurde[122]. Außer-

---

117 Geuenich, Dieter: Elsaßbeziehungen in den St. Galler Verbrüderungsbüchern. In: Ochsenbein, Peter/Ziegler, Ernst (Hrsg.): Codices Sangallenses. Festschrift für Johannes Duft zum 80. Geburtstag. Sigmaringen 1995. S. 106.

118 Schmid, Karl: Zur historischen Relevanz des ältesten Eintrags im St. Galler Verbrüderungsbuch. Erstdruck: Alemannia. Landeskundliche Beiträge. Festschrift für Bruno Boesch. Bühl 1976. S. 500-532 (= Alemannisches Jahrbuch 1973/1975). Jetzt in: Schmid, Karl: Gebetsgedenken und adeliges Selbstverständnis im Mittelalter. Ausgewählte Beiträge. Festgabe zu seinem sechzigsten Geburtstag. Sigmaringen 1983. S. 482.

119 Das St. Gallische Verbrüderungsbuch und das St. Gallische Buch der Gelübde, hg. von Emil Arbenz. In: MVG, Neue Folgen, 19. St. Gallen 1884. S. 1-194.

120 Libri confraternitatum Sancti Galli, Augiensis, Fabariensis, hg. von Paul Piper (= MGH Libri confraternitatum). Hannover 1884. Unveränderter Nachdruck: Hannover 1984.

121 Schmid, Karl: Auf dem Weg zur Wiederentdeckung der alten Ordnung des Sankt Galler Verbrüderungsbuches über eine Strassburger Namengruppe. In: Clavadetscher, Otto P./Maurer, Helmut/Sonderegger, Stefan (Hrsg.): Florilegium Sangallense. Festschrift für Johannes Duft zum 65. Geburtstag. S. 216.

122 Schmid, Karl: Zum Quellenwert der Verbrüderungsbücher von St. Gallen und Reichenau. (= Deutsches Archiv zur Erforschung des Mittelalters, 41). S. 349 f.

dem versuchte man im 13. und 14. Jahrhundert, ein Zensualenverzeichnis der Abtei aus dem Codex herzustellen, die Blätter erlitten dementsprechend Beschädigungen oder gingen verloren[123]. Die erhaltenen Teile des älteren und jüngeren Verbrüderungsbuches wurden dann schließlich zu einem Torso zusammengenäht.

Bedeutender war die Edition von P. Piper, die sich in der Forschung durchsetzte. Er unterschied bei seinem St. Galler Verbrüderungsbuch insgesamt drei Codices: A, B und C. A enthielt den Restcodex von 38 Pergamentblättern, B den sogenannten „Supplement-Codex" mit 7 Blättern, die allesamt in einer Kiste gefunden wurden. C dagegen beinhaltete das Buch der Gelübde, also das Professbuch[124]. Obwohl P. Piper zahlreiche signifikante Unterschiede zwischen den einzelnen Lagen der Verbrüderungsbücher erkannte, blieb ihm die Existenz zweier unabhängiger Bücher verborgen. Schon bei dem Format zeigen sich deutliche Unterschiede. Während die Pergamentblätter des älteren Verbrüderungsbuches höher sind, sind die des jüngeren breiter. Hinzu kommt die künstlerische Ausgestaltung, die im älteren Gedenkbuch in Form farbverzierter Säulenarkaden relativ ausgeprägt ist und dagegen im jüngeren Buch vollkommen fehlt. Der aber wohl deutlichste Hinweis ist die Tatsache, dass sich ein Teil der Namenlisten im jüngeren Verbrüderungsbuch wiederholt, folglich abgeschrieben wurde. Die Übertragung ganzer Listen in neu angelegte Bücher ist für das Frühmittelalter

---

123 Rappmann, Roland/Zettler, Alfons: Mönche und Konvent. In: Rappmann, Roland/Zettler, Alfons: Die Reichenauer Mönchsgemeinschaft und ihr Totengedenken im frühen Mittelalter. Sigmaringen 1998 (= Archäologie und Geschichte 5). S. 175.

124 Libri confraternitatum Sancti Galli, Augiensis, Fabariensis, hg. von Paul Piper. S. 111-136; vgl. dazu: Versuch einer Rekonstruktion der St. Galler Verbrüderungsbücher des 9. Jahrhunderts, von Karl Schmid. In: Borgolte, Michael/Geuenich, Dieter/Schmid, Karl: Subsidia Sangallensia I. Materialien und Untersuchungen zu den Verbrüderungsbüchern und zu den älteren Urkunden des Stiftsarchivs St. Gallen. S. 147.

im Bereich der Gedenküberlieferung eine äußerst seltene Praxis[125]. Vor allen Dingen wenn man berücksichtigt, wie kosten- und zeitaufwendig die Herstellung eines einzigen Buches war, erscheint dies kaum nachvollziehbar.

Die Beschriftung der beiden Codices mit Namenlisten ist bisher außer Acht gelassen worden. A. Schulte ging 1890 von der These aus, die im Verbrüderungsbuch eingetragenen Listen könnten nicht in St. Gallen selbst eingetragen worden sein, da sich mehrere Kommunitäten darunter befänden, die mit dem Galluskloster in keinerlei Kontakt standen[126]. Da Ettenheim häufig genannt wird und Beziehungen zu den eingetragenen Klöstern hatte, glaubte er zu wissen, dass dort die Codices beschrieben wurden. Die zweifelhafte Schlussfolgerung ist in der neueren mir zugrunde liegenden Forschung nicht weiter verfolgt worden, folglich ist die Behauptung zu verwerfen. Die Eintragung der Namenlisten erfolgte wohl in St. Gallen selbst, was auch naheliegend ist, da in St. Gallen sogar zwei Schreibstuben vorhanden waren[127].

Erst vor wenigen Jahren unternahmen M. Borgolte, D. Geuenich und K. Schmid den Versuch, die beiden St. Galler Verbrüderungsbücher zu rekonstruieren[128]. Da die durcheinandergeratenen Pergamentblätter im späten

---

125 Schmid, Karl: Das ältere und das neu entdeckte jüngere St. Galler Verbrüderungsbuch. In: Borgolte, Michael/Geuenich, Dieter/Schmid, Karl: Subsidia Sangallensia I. Materialien und Untersuchungen zu den Verbrüderungsbüchern und zu den älteren Urkunden des Stiftsarchivs St. Gallen. S. 15 f.; Zur Kritik an P. Pipers Ausgabe auch: Geuenich, Dieter: Elsaßbeziehungen in den St. Galler Verbrüderungsbüchern. In: Ochsenbein, Peter/Ziegler, Ernst (Hrsg.): Codices Sangallenses. Festschrift für Johannes Duft zum 80. Geburtstag. Sigmaringen 1995. S. 105-116.

126 Schulte, Aloys: Zu den Verbrüderungsbüchern von St. Gallen und Reichenau. In: Mittheilungen des Instituts für oesterreichische Geschichtsforschung, 11. 1890. S. 123-126.

127 Duft, Johannes/Gössi, Anton/Vogler, Werner: St. Gallen. S. 1194.

128 Borgolte, Michael/Geuenich, Dieter/Schmid, Karl: Subsidia Sangallensia I. Materialien und Untersuchungen zu den Verbrüderungsbüchern und zu den älteren Urkunden des Stiftsarchivs St. Gallen.

Mittelalter paginiert worden waren, nahm K. Schmid bei seinem Versuch, die alte Ordnung des St. Galler Codices wiederherzustellen, das System der Folierung hinzu[129]. Gemeinsam mit dem Professbuch[130] und dem reichen Urkundenbestand des Klosters bieten die beiden Gedenkbücher zahlreiche Möglichkeiten zur Erforschung. Das Professbuch beispielsweise enthält die gesamten Konventsmitglieder vom 8. bis 11. Jahrhundert und schließt damit eine entscheidende Lücke in der Frühgeschichte des Klosters, denn die eigenen St. Galler Namenlisten sind in den Gedenkbüchern nicht erhalten geblieben. Im nun folgenden sollen jedoch zunächst die Besonderheiten und der Aufbau des älteren Verbrüderungsbuches analysiert werden.

3.3 Der ältere Codex

Das ältere St. Galler Gedenkbuch wurde, wie bereits erwähnt, um 810 angelegt, es bestand sehr wahrscheinlich aus drei Lagen[131].

Durch die starke Beschädigung des Codex ging die gesamte erste Lage vollkommen verloren. Die zweite blieb fast vollständig, die dritte dagegen nur teilweise erhalten, beide waren Quaternionen, also je vier aufeinanderliegende Blätter. Dementsprechend war die erste Lage wohl ebenfalls ein Quaternio, folglich umfasste der Codex insgesamt 24 Pergamentblätter[132]. Der charakteristische Aufbau besteht darin, dass die Schreiber pro Seite meist vier Namenreihen eintragen haben.

K. Schmid übernahm die eigentliche Aufgabe der Rekonstruktion der beiden St. Galler Verbrüderungsbücher. Sie war als Vorarbeit zu einer Faksi-

---

129 Versuch einer Rekonstruktion der St. Galler Verbrüderungsbücher des 9. Jahrhunderts, von Karl Schmid. S. 82.
130 Das Professbuch der Abtei St. Gallen, hg. von Paul M. Krieg Augsburg 1931.
131 Schmid, Karl: Das ältere und das neu entdeckte jüngere St. Galler Verbrüderungsbuch. S. 19.
132 Versuch einer Rekonstruktion der St. Galler Verbrüderungsbücher des 9. Jahrhunderts, von Karl Schmid. S. 86.

mileausgabe in den Monumenta Germaniae Historica gedacht[133]. Einige Schritte der Rekonstruktion sollen an dieser Stelle kurz erläutert werden, um die Schwierigkeiten zu veranschaulichen. Durch die fragmentarische Überlieferung der Bücher und die Tatsache, dass ein Teil des jüngeren Codex in einer Kiste lag, befanden sich die einzelnen Pergamentblätter in Unordnung. K. Schmid gelang ein erster Hinweis auf die alte Ordnung durch eine Straßburger Namengruppe, die an mehreren Stellen auftauchte. Damals lag der Beweis von der Existenz zweier völlig eigenständiger Gedenkbücher zwar noch nicht vor, er konnte trotzdem Teile der Pergamentblätter wieder in die ursprüngliche Reihenfolge bringen[134]. Weitere Rekonstruktionsversuche gelangen durch die Muster der Arkaden, die häufig entsprechend auf der gegenüberliegenden Seite genauso bemalt oder gemustert waren. Dies zeigt sich sehr signifikant auf pag. 10 (A. fol. 14^v) und pag. 21 (A. fol. 15^r), welche eindeutig zusammengehören. Die Bemalung der Säulen und Bögen weist große Übereinstimmungen auf. Bei der dritten Lage nimmt die Qualität des Dekors hinsichtlich der Genauigkeit der Zeichnung und farblichen Gestaltung merklich ab[135]. K. Schmid bezeichnete das ältere Verbrüderungsbuch als Codex A mit 24 Blättern, das jüngere als Codex B mit 60 Blättern[136]. Nicht zu vernachlässigen war auch die paläographische Analyse der einzelnen Schreiberhände, die durch ihr charakteristisches Schriftbild Gruppenzugehörigkeiten und zeitliche Einordnungen erkennen lassen.

---

133 Versuch einer Rekonstruktion der St. Galler Verbrüderungsbücher des 9. Jahrhunderts, von Karl Schmid. S. 81.
134 Schmid, Karl: Auf dem Weg zur Wiederentdeckung der alten Ordnung des Sankt Galler Verbrüderungsbuches über eine Strassburger Namengruppe. S. 217 f.
135 Versuch einer Rekonstruktion der St. Galler Verbrüderungsbücher des 9. Jahrhunderts, von Karl Schmid. S. 86.
136 Euw, Anton von: Liber Viventium Fabariensis. S. 215.

In der ersten Lage waren sehr wahrscheinlich die Listen des eigenen Konvents unter Abt Werdo (784-812)[137]. Da die Namenlisten des Klosters Reichenau ebenfalls fehlen, befanden auch sie sich wahrscheinlich in der ersten Lage. Die intensiven Beziehungen zwischen St. Gallen und Reichenau sind durch die zweimalige Erneuerung des Verbrüderungsvertrages deutlich geworden. Weiterhin standen die *Nomina episcoporum* im älteren St. Galler Gedenkbuch im Vordergrund und noch nicht die Klosterverbrüderung[138]. Die verbrüderten Kommunitäten werden unten noch genauer erwähnt. Laieneinträge finden sich überall im Codex, besonders auf pag. 10 (A. fol. 14^v) und pag. 21-22 (A. fol. 15^r-15^v). Hinzu kommt, dass zahlreiche für Klöster freigelassene Stellen mit Laieneinträgen gefüllt wurden, ein Indiz für die bereits erläuterte drastische Zunahme der Laieneinträge.

Der älteste Eintrag im Codex A fällt in das Jahr 814[139]. Er beginnt auf pag. 6 (A. fol. 12^v) mit: *Pippinus rex, Carlomannus rex, Carolus imperator* usw. Die Namen beziehen sich auf König Pippin (751-768) und seine Söhne Karlmann (768-771) und Karl den Großen (768-814)[140]. Weitere Karolingernamen folgen bis hin zu Karl III. (876-887) sowie eine zweite und dritte Namengruppe. In der zweiten finden sich Verwandte, wie z. B. Halbbrüder des Königs wieder, in der dritten Grafennahmen, vorwiegend alemannische. Ohne auf diese Namen im Einzelnen einzugehen, ermöglicht

---

137 Schmid, Karl: Das ältere und das neu entdeckte jüngere St. Galler Verbrüderungsbuch. S. 21.
138 Schmid, Karl: Das ältere und das neu entdeckte jüngere St. Galler Verbrüderungsbuch. S. 22.; *Nomina Episcoporum* z. B. auf pag. 18 (A. fol. 10^v). Älteres Verbrüderungsbuch. In: Versuch einer Rekonstruktion der St. Galler Verbrüderungsbücher des 9. Jahrhunderts, von Karl Schmid. In: Borgolte, Michael/Geuenich, Dieter/Schmid, Karl: Subsidia Sangallensia I. Materialien und Untersuchungen zu den Verbrüderungsbüchern und zu den älteren Urkunden des Stiftsarchivs St. Gallen. S. 81-277. **Im Folgenden wird immer nach dieser Ausgabe zitiert.**
139 Schmid, Karl: Zur historischen Relevanz des ältesten Eintrags im St. Galler Verbrüderungsbuch. S. 503.
140 Schmid, Karl: Zur historischen Relevanz des ältesten Eintrags im St. Galler Verbrüderungsbuch. S. 484 f.

die Datierung des ältesten Eintrages, die Zeit der Entstehung des älteren St. Galler Gedenkbuches etwas genauer zu bestimmen, also auf etwa 814.

Die Bedeutung des älteren St. Galler Gedenkbuches liegt vorwiegend in seinen Zeugnissen, die teilweise noch älter sind als die des Reichenauer Verbrüderungsbuches[141]. Vom Aufbau her erinnert es zum Teil noch an ein Diptychon, wobei bei den Listen der verbrüderten Konvente keine grundlegende Unterteilung mehr in Lebende und Verstorbene erfolgte[142]. Zum einen bestand die Notwendigkeit nicht, denn den dort Eingeschriebenen gedachten die St. Galler Brüder pauschal, andererseits wäre es auch gar nicht möglich gewesen, jeden Verstorbenen bei mehreren tausend Namen in eine Totenliste zu übertragen.

3.3.1 Verbrüderte Kommunitäten im älteren Gedenkbuch

In diesem Kapitel sollen die im älteren St. Galler Codex überlieferten verbrüderten Kommunitäten betrachtet werden, um die geographische Ausweitung der Beziehungen des Gallusklosters ermessen und bewerten zu können.

Während die erste Lage vollkommen verloren ging, beinhaltet die zweite und dritte Lage neben den *Nomina Episcoporum* mehrere Klosterverbrüderungen, wie z. B. Gengenbach (pag. 15; A. fol. 9^r), Taufers (pag. 16; A. fol. 9^v), Müstair (pag. 17; A. fol. 10^r) und Saint-Martin in Tours (pag. 4-5; A. fol. 11^v-12^r), die direkt aufeinander folgen. Weitere Namenverzeichnisse, teilweise ohne Überschriften, folgen bis zu A. fol. 24^v in der dritten Lage, die allerdings verloren ist.

Hinzu kommen dann noch die Kommunitäten Pfäfers (pag. 17; A. fol. 10^r), Schänis (pag. 25; A. fol. 23^r), Schienen (pag. 19; A. fol. 20^r), eine Priestergemeinschaft im Hegau (pag. 12; A. fol. 22^v), St. Stephan in Straßburg

---

141 Schmid, Karl: Das ältere und das neu entdeckte jüngere St. Galler Verbrüderungsbuch. S. 22.
142 Schmid, Karl: Das ältere und das neu entdeckte jüngere St. Galler Verbrüderungsbuch. S. 22

(pag. 23; A. fol. 16^r), Hornbach (pag. 24; A. fol. 16^v), Klingenmünster (pag. 14; A. fol. 18^v), Kempten (pag. 20; A. fol. 20^v), Ellwangen (pag. 26; fol. 23^v), Schönewerd (pag. 1; A. fol. 19^r) und Langres (pag. 11; A. fol. 22^r).

Der gesamte Umfang der St. Galler Gebetsverbrüderung im älteren Gedenkbuch kann nicht allein durch das Buch selbst erfasst werden, da insgesamt elf Pergamentblätter fehlen. Dafür ist allerdings im *Codex Sangallensis* 453 ein Verzeichnis der verbrüderten Kommunitäten überliefert[143]. Abgesehen von den bisher aufgezählten Monasterien sind dort auch noch Weißenburg, Ettenheimmünster, Schuttern, Murbach, Lorsch und Cazis verzeichnet. Aufgrund dessen waren sehr wahrscheinlich auch sie mit St. Gallen verbrüdert. Verbrüderungsverträge bestanden außerdem noch mit Bobbio, Disentis und Kempten[144].

Durch die Auflistung der verbrüderten Klöster lässt sich der geographische Umfang der St. Galler Gebetsverbrüderung ermitteln. Abgesehen von den westfränkischen Klöstern Langres und Tours, dem italienischen Bobbio und einigen wenigen weiteren Klöstern, wie beispielsweise Müstair und Regensburg, beschränkte sich der Kreis im älteren St. Galler Gedenkbuch sehr regional auf den Bodenseeraum bzw. auf die angrenzenden Gebiete wie das Elsass oder Bayern. Im Anhang befindet sich eine graphische Auswertung. Die Graphiken zeigen die Anteile der Verbrüderung der Klöster und des Laiengedenken im älteren Codex.

3.4 Der jüngere Codex

Das jüngere St. Galler Gedenkbuch, als Codex B bezeichnet, entstand zu einem unbekannten Zeitpunkt während der zweiten Hälfte des 9. Jahrhun-

---

143 Codex Sangallensis 453. In: Libri confraternitatum Sancti Galli, Augiensis, Fabariensis, hg. von Paul Piper (= MGH Libri confraternitatum). Hannover 1884. Unveränderter Nachdruck 1984. S. 144.
144 Geuenich, Dieter: Liturgisches Gebetsgedenken in St. Gallen. S. 87.

derts[145]. Weitere Datierungsversuche beziehen sich auf den Zeitraum um 870[146]. Es enthielt mindestens fünf, wahrscheinlich sogar sechs Quinionen, also insgesamt 60 Blätter[147]. Zu diesen zählt außerdem der sogenannte „Basler Zettel" (pag. 27), ein Pergamentblatt von erheblich kleinerem Format als das jüngere Gedenkbuch. Wahrscheinlich wurde er nach der Anlage des Codex von Basel aus nach St. Gallen geschickt und in späterer Zeit in das Buch eingeheftet[148]. Des weiteren existiert ein Doppelblatt mit Namen aus Nonantola (pag. 44-47; B. fol. $1^{r/v}$, $2^{r/v}$). Dieses wurde dann allerdings in das jüngere Verbrüderungsbuch übertragen (pag. 64-67; B. fol. 35^r-36^v), der Zettel diente demnach als Vorlage zur Namenabschrift[149].

Ein weiterer Teil des jüngeren Gedenkbuches befand sich in einer Kiste des Stiftsarchiv St. Gallen, nämlich jene Seiten, aus denen im Spätmittelalter ein Rotulus-Verzeichnis geschaffen wurde. Diese Seiten wurden von der älteren Forschung nicht beachtet, weshalb zahlreiche Listen unerkannt blieben. Die Blätter sind nicht im Original, sondern in gedruckter Form erhalten, doch gerade sie sind interessant für die Forschung, da sich auf ihnen Namenlisten befinden, die im Buch verloren gingen[150]. Denn nur noch 29 der 60 Pergamentblätter sind erhalten geblieben.

Die Neuanlage war im Gegensatz zum älteren Codex weniger aufwendig gestaltet. Anstelle der kunstvollen, kolorierten Arkaden versah man die Sei-

---

145 Rappmann, Roland/Zettler, Alfons: Mönche und Konvent. S. 180.
146 Geuenich, Dieter: Elsaßbeziehungen in den St. Galler Verbrüderungsbüchern. S. 106.
147 Schmid, Karl: Das ältere und das neu entdeckte jüngere St. Galler Verbrüderungsbuch. S. 26.
148 Versuch einer Rekonstruktion der St. Galler Verbrüderungsbücher des 9. Jahrhunderts, von Karl Schmid. S. 140.
149 Versuch einer Rekonstruktion der St. Galler Verbrüderungsbücher des 9. Jahrhunderts, von Karl Schmid. S. 139.
150 Zum Quellenwert der Verbrüderungsbücher von St. Gallen und Reichenau. S. 350-352.

ten mit roten Federzeichnungen[151]. Zahlreiche Namenslisten des älteren Verbrüderungsbuches übertrugen die St. Galler Schreiber in das jüngere. Deshalb finden sie sich zum Teil in beiden Codices wieder. Ob sämtliche Namenlisten des älteren Gedenkbuches in das jüngere hineingeschrieben wurden, ist nicht mehr genau nachzuvollziehen, da das jüngere Buch ebenfalls nur unvollständig überliefert wurde, jedoch ist dies sehr wahrscheinlich.

Der große Anteil des Laiengedenkens bestimmt den Aufbau des jüngeren Codex. Während im älteren Verbrüderungsbuch die *Nomina Episcoporum* und Monasterien vorherrschten, waren es zum Ende des 9. Jahrhunderts dagegen vorwiegend Laien, die einen Eintrag in das „Buch des Lebens" erstreben. D.h. nicht, dass die klösterliche Verbrüderung versiegte, sie war lediglich rückläufig. Die Schwerpunktverlagerung hin zum Laiengedenken wurde bereits erwähnt. Die Laien erhielten zusätzlich eine Unterteilung in Frauen, die *Nomina Feminarum Laicarum*, und Männer unter der Überschrift *Nomina Laicorum*. An dieser Stelle zeigt sich der „Strukturwandel" im Gedenkwesen hin zum Laiengedenken im Verlauf des endenden 9. Jahrhunderts besonders deutlich[152]. Die Seiten der *Nomina Feminarum Laicarum* sind im jüngeren Verbrüderungsbuch fast vollständig erhalten, sie bestehen ausschließlich aus Kompilationslisten[153], die der *Nomina Laicorum* gingen dagegen fast vollständig verloren[154]. Kompilation bedeutet,

---

151 Schmid, Karl: Das ältere und das neu entdeckte jüngere St. Galler Verbrüderungsbuch. S. 32.
152 Schmid, Karl: Das ältere und das neu entdeckte jüngere St. Galler Verbrüderungsbuch. S. 36.
153 *Nomina Feminarum Laicarum*: pag. 30-35, B. fol. 52^{r}-54^{v}; pag. 42-43, B. fol. 55$^{v/r}$. Jüngeres Verbrüderungsbuch. Versuch einer Rekonstruktion der St. Galler Verbrüderungsbücher des 9. Jahrhunderts, von Karl Schmid. In: Borgolte, Michael/Geuenich, Dieter/Schmid, Karl (Hrsg.): Subsidia Sangallensia I. Materialien und Untersuchungen zu den Verbrüderungsbüchern und zu den älteren Urkunden des Stiftsarchivs St. Gallen. S. 81-277. **Im Folgenden wird nach dieser Ausgabe zitiert.**
154 *Nomina Laicorum*: pag. 68-69, B. fol. 43$^{r/v}$.

dass mehrere Namenverzeichnisse oder Einzelnamen auf einer Liste zusammengetragen wurden. Hinzu kamen noch einige Pergamentblätter mit gemischten Gruppeneintragungen[155]. Freigelassene Seiten wurden um 900 mit weiteren Namen gefüllt[156]. Ein offensichtliches Anwachsen der Laieneinträge wird deutlich, gerade wenn man sich den Aufbau des älteren St. Galler Gedenkbuches in Erinnerung ruft.

Die Hauptfrage bezüglich des jüngeren Gedenkbuches bezieht sich darauf, warum es überhaupt zu einer Neuanlage kam. Die Antworten, die die Forschung darauf gibt, beruhen lediglich auf Vermutungen, wenn auch sehr wahrscheinlichen. Ein potentieller Grund für die Anlage des jüngeren Gedenkbuches resultiert vielleicht aus der 967 neu eingerichteten Otmarskirche in St. Gallen. Da Verbrüderungsbücher ja für den liturgischen Gebrauch bestimmt waren und ein Priester sie deshalb während der Messe auf den Altar legte, liegt die Vermutung nahe, das jüngere Gedenkbuch sei extra für den liturgischen Dienst in der Otmarskirche angefertigt worden[157]. Der durch die zunehmenden Namenmassen schnell gefüllte ältere Codex, erforderte außerdem die Neuanlage des jüngeren Gedenkbuches[158]. Wahrscheinlich liegen darin die Hauptgründe für die Entscheidung, ein weiteres Buch zu fertigen.

Nachdem der Aufbau des jüngeren St. Galler Gedenkbuches und die wahrscheinlichen Gründe für die Entstehung analysiert wurden, empfiehlt es sich nun, im Anschluss auf die neu hinzugekommen verbrüderten Kommunitäten genauer einzugehen.

---

155 Gemischte Gruppeneintragungen: pag. 85, B. fol. 17^v; pag. 72-73, B. fol. 37$^{v/r}$; pag. 70, B. fol. 48^r; pag. 36-41, B. fol. 57^r-59^v.
156 Rappmann, Roland/Zettler, Alfons: Mönche und Konvent. S. 180.
157 Schmid, Karl: Das ältere und das neu entdeckte jüngere St. Galler Verbrüderungsbuch. S. 34 f.
158 Geuenich, Dieter: Die Sankt Galler Gebetsverbrüderungen. S. 32.

3.4.1 Neu hinzugekommene verbrüderte Kommunitäten und andere Eintragungen im jüngeren Verbrüderungsbuch

Bei der inhaltlichen Betrachtung des jüngeren St. Galler Codex fällt vor allem auf, dass kaum neue monastische Verbrüderungen hinzukamen. Es sind lediglich Rheinau (pag. 28; B. fol. 50^r), Prüm (pag. 62-63; B. fol. 32$^{r/v}$), St. Bertin (pag. 29; B. fol. 50^v), Gengenbach (pag. 54-55; B. fol. 24$^{r/v}$) und die bereits erwähnten losen Pergamentblätter von Basel (pag. 83-84; B. fol. 16^v und 17^r) und Nonantola (pag. 64-67; B. fol. 35$^{r/v}$-36$^{r/v}$), die eine Gebetsvereinbarung mit St. Gallen eingingen. Dazuzurechnen sind auch noch einige Frauenklöster wie beispielsweise der Essener Konvent (pag. 88-89; B. fol. 5$^{r/v}$) und der aus Zürich (pag. 76; B. fol. 4^r). Alles in allem eine deutliche Abnahme der klösterlichen Gebetsverbrüderungen. Die St. Galler Mönche und die des Inselklosters Reichenau fehlen auch im jüngeren Gedenkbuch[159]. Aufgrund der Erneuerung des Vertragsverhältnisses zwischen den beiden Monasterien in den Jahren 945 und 1145 wird Reichenau sehr wahrscheinlich neue Listen zum Galluskloster verschickt haben, die sich wohl auf fol. 9$^{r/v}$-10$^{r/v}$ befanden.

Anstelle neuer Verbrüderungen zwischen den Konventen nahm die Memoria für hochgestellte Persönlichkeiten, wie Bischöfe, Könige oder Adlige ihren Platz ein. Die Memoria für diese Gruppe ist nicht mit dem Laiengedenken gleichzusetzen, denn die hochgestellten Personen befanden sich im ausgewählten Kreis der *fratres conscripti*. Die Gegenseitigkeit der Leistungen bildet auch hier das grundlegende Element. Die Bischöfe, Könige und Adelige nahmen Stiftungen und Schenkungen vor. Im Gegenzug verpflichteten sich die St. Galler Mönche, diese mit in den Konvent aufzunehmen, so dass die Stifter und Wohltäter faktisch zu Brüdern des Klosters wurden[160]. Im jüngeren Codex kamen z. B. König Konrad I., Kaiser Karl III., Erzbischof Ratpold von Trier, die Bischöfe Liutwart von Como, Adalbero

---

159　St. Galler Konventslisten wahrscheinlich auf fol. 1$^{r/v}$, 2$^{r/v}$ und 3^r.
160　Genauere Ausführungen dazu: Geuenich, Dieter: Die Sankt Galler Gebetsverbrüderungen. S. 34-36.

von Augsburg, Reginbert von Säben, Konrad von Konstanz, Eginolf von Lausanne, die Grafen Burchhard von Schwaben und Gero von Sachsen als *fratres conscripti* hinzu[161]. Zusätzlich füllten die St. Galler Schreiber zahlreiche Seiten mit weiteren Laieneinträgen. Die starke strukturelle Veränderung des Gebetsgedenken hin zum Laiengedenken soll die graphische Darstellung im Anhang verdeutlichen[162]. Demgegenüber erfolgt eine ähnliche Auswertung hinsichtlich des älteren St. Galler Gedenkbuches.

3.5 Ausdehnung der St. Galler Gebetsverbrüderung

Der geographische Umfang der St. Galler Gebetsverbrüderung hinsichtlich der monastischen Verbrüderung soll in diesem Kapitel erläutert werden. Sowohl die Kommunitäten des älteren als auch des jüngeren Codex werden berücksichtigt. Es kann hier allerdings nicht darum gehen, sämtliche Kommunitäten einzuordnen, denn es sollen lediglich einzelne Gruppen erkennbar gemacht werden.

Die oben erwähnte Regionalisierung der St. Galler Gebetsverbrüderungen ist besonders auffällig. Zum einen waren es natürlich Klöster im Bodenseeraum wie Reichenau, Schienen oder Kempten, die sich mit dem Galluskloster verbrüderten. Weiter südlich in der heutigen Schweiz formte sich eine zweite Gruppe heraus, beginnend mit Zürich bis hin zu Pfäfers, Chur und Cazis. Westlich von St. Gallen bildeten die Konvente zwischen Straßburg und Basel, also im elsässischen Raum, den dritten Schwerpunkt. Im Norden waren es vorwiegend Mainz, Worms und Speyer. Folglich befinden sich die meisten verbrüderten Monasterien in einem Umkreis von circa 300 Kilometern, schwerpunktmäßig um den Bodensee herum. Das Inselkloster Reichenau hingegen verfügte über wesentlich weitreichendere Beziehungen, wie sich an späterer Stelle noch zeigen wird.

---

161 Geuenich, Dieter: Die Sankt Galler Gebetsverbrüderungen. S. 87.
162 Im Anhang befindet sich eine Kreisdiagramm der verschiedenen Eintragsgruppen.

Regelrechte Ausnahmen boten dagegen im Norden z.B. der Frauenkonvent in Essen, im Osten Regensburg, südöstlich Müstair und in Norditalien Bobbio. Dazu kamen dann noch die beiden westfränkischen Klöster Langres und Saint-Martin in Tours. Diese weiter entfernten Verbrüderungen zeigen durch ihre vollkommen unterschiedlichen Standorte, dass sie keine zusammengehörige Gruppe von Klöstern bilden, sondern als Abweichung bewertet werden müssen.

4 DAS REICHENAUER GEDENKBUCH

4.1 Die Frühgeschichte des Klosters

Über die Anfänge des Klosters Reichenau, mitten auf einer Insel im Bodensee gelegen, weiß man bisher nur relativ wenig, denn die meisten schriftlichen Quellen gingen verloren. Die noch erhaltenen Königsurkunden wurden im hohen Mittelalter stark verfälscht, im wesentlichen sind nur noch die Signum- und Datierungszeile erhalten geblieben, der Rest wurde rasiert[163]. Aus zwei verfälschten Urkunden des fränkischen Hausmeiers Karl Martell versuchte zuerst K. Brandi ein „echtes" Königsdiplom wiederherzustellen[164]. Die Bewertung des Rekonstruktionsversuchs ist in der Forschung allerdings sehr unterschiedlich, und die Arbeiten K. Brandis wurden immer wieder kritisiert.

Eine Neubearbeitung der beiden Urkunden erfolgte von I. Heidrich[165]. Ohne auf die Details der wahren oder gefälschten Inhalte der beiden Diplome genauer einzugehen, erscheint der Begriff *Sindlezzeisauua*, eine ältere Bezeichnung für die Insel Reichenau, von Bedeutung, sowie die Erwähnung des Namen Pirmin.

Aufgrund der ungünstigen Quellenlage erweist sich die Frühgeschichte der Reichenau als äußerst kompliziert. Noch vor wenigen Jahren stellte M.

---

163   Angenendt, Arnold: Monachi Peregrini. Studien zu Pirmin und den monastischen Vorstellungen des frühen Mittelalters. München 1972 (= Münstersche Mittelalter-Schriften, 6). S. 97.

164   Die Gründungsurkunde der Abtei Reichenau, hg. von Karl Brandi. In: Beyerle, Konrad: Die Kultur der Abtei Reichenau. Erinnerungsschrift zur zwölfhundertsten Wiederkehr des Gründungsjahres des Inselklosters 724-1924. Bd. 2. Neudruck der Ausgabe München 1925. Aalen 1970. S. 17.

165   Heidrich, Ingrid: Die urkundliche Grundausstattung der elsässischen Klöster, St. Gallens und der Reichenau in der ersten Hälfte des 8. Jahrhunderts. In: Classen, Peter: Die Gründungsurkunden der Reichenau. Sigmaringen 1977 (=Vorträge und Forschungen, 24). S. 31-63. Urkunde I: S. 82-84; Urkunde II: S. 85-88.

Richter fest, „dass was wir über Pirmin und die Anfänge der Reichenau nicht wissen, ist beeindruckend"[166]. Diese ironische Bemerkung trifft die Forschungslage über das Kloster Reichenau recht gut. Es besteht zwar die Möglichkeit, dass der Merowingerkönig Theudrich IV. bereits 724 ein Immunitätsprivileg ausgestellt hat, doch dies konnte nicht bewiesen werden[167]. Die erste gesicherte, d.h. in weiten Teilen echte Urkunde, ein Immunitätsprivileg Ludwigs des Frommen, stammt erst aus dem Jahr 815[168]. Darin wird ebenfalls ein *monasterii Sinleozesavia* erwähnt, so dass die Existenz eines Vorgängerklosters durchaus möglich ist. Die Gründung des Klosters Reichenau wäre demnach nur eine Neueinrichtung oder der Ausbau eines bereits bestehenden Monasteriums[169]. Ein archäologischer Beweis fehlt trotz umfangreicher Grabungen auf der Insel, der die These eines Vorgängerklosters bestätigen würde.[170].

Die zweite wichtige Quelle zur Frühgeschichte ist die *Visio Wettini* von Wahlafrid Strabo[171], der das Gründungsdatum indirekt als das Jahr 724 benannte. Er begann mit dem ersten Abt Pirmin, gefolgt von Heddo, dem späteren Bischof von Straßburg, der auch an der Synode von Attigny teilnahm, dann Gebba usf.:

---

166   Richter, Michael: Neues zu den Anfängen des Klosters Reichenau. In: Zeitschrift für Geschichte des Oberrheins, 144. 1996. S. 2.
167   Richter, Michael: Neues zu den Anfängen des Klosters Reichenau. S. 8.
168   Vita S. Meginrati, ed. O. Holder-Egger (= MGH Scriptores, 15,1). Erstdruck: Hannover 1887. Unveränderter Nachdruck: Stuttgart 1963. S. 445.
169   Vgl. dazu: Richter, Michael: Neues zu den Anfängen des Klosters Reichenau. S. 6.
170   Zettler, Alfons: Die frühen Klosterbauten der Reichenau. Ausgrabungen, Schriftquellen, St. Galler Klosterplan. Sigmaringen 1988 (= Archäologie und Geschichte 3). S. 38.
171   Wahlafrid Strabi: Visio Wettini. Die Vision Wettis. Lateinisch – Deutsch. Übersetzung, Einführung und Erläuterungen von Hermann Knittel. Sigmaringen 1986.

Primus in hac sanctus constuxit moenia praesul
Pirminius ternisque gregem protexerat annis.
[...]
Poesta septenis praesedit cursibus Eto [Heddo];
Tum sequitur binis laudandus Geba sacerdos.[172]

Nach der Chronik Hermann des Lahmen verteilten sich die Regierungsjahre der Äbte folgendermaßen: Pirmin 724-727, Heddo 727-734, Geba 734-736 usw.[173]. Das Datum 724 gilt damit als relativ gesichert.

Die Beteiligung Pirmins bei der Neueinrichtung des Inselklosters erscheint aufgrund der Erwähnung in der *Visio Wettini* sehr wahrscheinlich. Doch welche weltlichen Mächte wirkten außerdem noch daran mit? Diese Frage konnte die Forschung bis heute nicht eindeutig lösen. Wie schon bei der Errichtung des Gallusklosters hatten im wesentlichen zwei weltliche Mächte Interesse an dem Kloster. Zum einen wiederum das expandierende Frankenreich, repräsentiert durch den Hausmeier Karl Martell, und auf der anderen Seite der alemannische Herzog Lantfrid, die Errichtung des Klosters Reichenau fällt ja noch in die Zeit vor der endgültigen Eingliederung Alemanniens in das Frankenreich 746. In Teilen der Forschung wird trotz der Urkunden Karl Martells von 724 eine Beteiligung des Hausmeiers bei der Neueinrichtung ausgeschlossen[174], doch gibt es auch weitere Hypothesen[175]. F. Prinz stellte sogar die Vermutung auf, es habe sich zunächst um

---

172 Wahlafrid Strabi: Visio Wettini S. 44, Verse 27-32.
173 Herimanni Augiensis Chronicon a. 1-1054. (= MGH Scriptorum, 5). Erstdruck: Hannover 1844. Unveränderter Neudruck: Hannover 1968. S. 67-133.
174 Richter, Michael: Neues zu den Anfängen des Klosters Reichenau. S. 13.
175 Z.B.: Begrich, Ursula: Reichenau. In: Helvetia Sacra, hg. vom Kuratorium der Helvetia Sacra. Abteilung III. Die Orden mit Benediktinerregel. Bd. 1, 2. Bern 1986. S. 1059 - ; auch: Prinz, Friedrich: Frühes Mönchtum im Frankenreich. S. 210.; in der älteren Forschung: Brandi, Karl: Die Gründung des Klosters. In: Beyerle, Konrad: Die Kultur der Abtei Reichenau. Erinnerungsschrift zur zwölfhundertsten Wiederkehr des Gründungsjahres des Inselklosters 724-1924. Bd. 2. Neudruck der Ausgabe München 1925. Aalen 1970. S. 10-19.

ein alemannisches Hauskloster gehandelt[176]. Dass Reichenau im 8. Jahrhundert im Spannungsfeld der alemannisch-fränkischen Politik gestanden hat, ist ein Faktum, das wohl kaum bestreitbar ist[177].

Da zu der Person Pirmin bisher nichts gesagt wurde, soll es an dieser Stelle nachgeholt werden muss. Über das Geburtsjahr und seine Herkunft ist wenig bekannt, er kam aber wahrscheinlich aus dem iroschottischen Raum[178]. Seine Lebensbeschreibung, die *Vita Pirmini*, bleibt weitestgehend legendenhaft[179]. Pirmin wurde vor allem durch seine Klostergründungen und Reformierungen im Elsass bekannt, wie beispielsweise Murbach. Doch zuvor war er im Bodenseeraum tätig. Pirmin taucht im Reichenauer Gedenkbuch in der Liste der *Nomina defunctorum fratrum insolanensium* an erster Stelle auf, gefolgt von Heddo von Straßburg[180].

Fasst man die Ergebnisse zusammen, ergibt sich folgendes Bild, wobei es natürlich hypothetisch bleibt: Pirmin richtete das Inselkloster Reichenau um 724 neu ein und erhielt dort die Abtwürde[181]. Ob er die Unterstützung Karl Martells in Form eines Schutzbriefes hatte, kann nicht geklärt werden, ist aber durchaus im Bereich des Möglichen. 727 musste der Abt das Klos-

---

176 Prinz, Friedrich: Frühes Mönchtum in Südwestdeutschland und die Anfänge der Reichenau. In: Prinz, Friedrich: Mönchtum und Gesellschaft im Frühmittelalter. Darmstadt 1976 (= Wege der Forschung, 92). S. 151-204.
177 Schmid, Karl: Die Reichenauer Fraternitas und ihre Erforschung. In: Rappmann, Roland/Zettler, Alfons (Hrsg.): Die Reichenauer Mönchsgemeinschaft und ihr Totengedenken im frühen Mittelalter. Sigmaringen 1998 (= Archäologie und Geschichte 5). S. 12.
178 Angenendt, Arnold: Monachi Peregrini. S. 126 ff.
179 Vita S. Pirmini, hg. von Hermann Waitz (= MGH Scriptorum, 15). Erstdruck: Hannover 1887. unveränderter Nachdruck: Stuttgart 1963. S. 21-31. Vgl. dazu: Semmler, Josef: Pirmin(ius). In: Lexikon des Mittelalters, 6. Stuttgart 1993. Sp. 2175-2176.
180 Das Verbrüderungsbuch der Abtei Reichenau. Einleitung, Register Faksimile, hg. von Johanne Autenrieth, Dieter Geuenich und Karl Schmid. (= MGH Libri Memoriales et Necrologia. Nova Series 1). Hannover 1979. Pag. 6.
181 Zettler, Alfons: Reichenau. In: Lexikon des Mittelalters, 7. Stuttgart 1995. Sp. 612.

ter auf Drängen des Konstanzer Bischofs und Theudebald, dem Bruder Herzog Lantfrids, verlassen [182]. Nach der Eingliederung Alemanniens setzte sich die fränkische Zentralgewalt durch. Zwischen 736-782 musste sich das Inselkloster dem Bistum unterordnen, konnte sich dann aber wieder lösen[183]. Die Personalunion mit St. Gallen unter Bischof Johannes von Konstanz, der von 759/60 an bis 782 Abt von St. Gallen und Reichenau war, wurde bereits erwähnt. Unter dem karolingischen Einfluss entwickelte sich das Monasterium zu einem der bedeutendsten Reichskloster mit zahlreichen Privilegien[184] und einem wesentlich größeren Einfluss als St. Gallen. Die Äbte Waldo (786-806), Haito (806-826) und Strabo (838/40-849) hatten führende Rollen in der Reichspolitik[185].

Nach dem Investiturstreit, der daraus resultierenden Entvölkerung und wirtschaftlichen Not verlor das Kloster wesentlich an Bedeutung. 1757 erfolgte letztendlich die Auflösung. 1803 wurde es säkularisiert und der Besitz dem Großherzogtum Baden übergeben.

4.2 Die Visio Wettini

Die *Visio Wettini* des Reichenauer Mönchs Wetti gilt als eine der bedeutenden mittelalterlichen Visionen. Für das Kloster Reichenau hat sie eine zweifache Bedeutung. Erst einmal bietet sie Anhaltspunkt über die Frühgeschichte des Konvents, wie oben bereits deutlich wurde. Außerdem besteht ein kausaler Zusammenhang zwischen der Vision und der Anlage des Reichenauer Gedenkbuches. Doch zunächst erscheint es sinnvoll, die Entstehung und den Inhalt näher zu betrachten.

Die Bedeutung frühmittelalterlicher Visionen muss noch einmal in Erinnerung gerufen werden: Sie waren der einzige Zugang zum Jenseits und

---

182 Begrich, Ursula: Reichenau. S. 1059.
183 Begrich, Ursula: Reichenau. S. 1059.
184 Vita S. Meginrati. S. 445; dazu auch: Schmid, Karl/Wollasch, Joachim: Die Gemeinschaft der Lebenden und Verstorbenen in Zeugnissen des Mittelalters. S. 374.
185 Begrich, Ursula: Reichenau. S. 1060.

brachten Erklärungen über die dortigen Zustände. Deshalb dienten sie der Belehrung, zeigten die Strafen im Jenseits und hielten so zur Buße an[186]. Auch die *Visio Wettini* entstand in diesem Kontext. Dem Bericht nach hatte der Reichenauer Mönch Wetti, der Leiter der Klosterschule war, in der Nacht vor dem dritten November zwei Traumvisionen[187]. Wetti berichtete dem ehemaligen Bischof von Basel und Reichenauer Abt, Heito, und Abt Erlebald, was er gesehen hatte, und Heito war es dann auch, der die Erzählung nach Wettis Tod am 4. November 724 aufschrieb[188]. Wahlafrid Strabo, ein Schüler Wettis, formte den Text Heitos anschließend in Verse um[189]. Die Vers gelten bis heute als herausragendes dichterisches Denkmal der mittelalterlichen Epik.

Der Inhalt der *Visio* lässt sich in wenigen Sätzen zusammenfassen. Der Mönch Wetti, auf seinem Sterbebette liegend, begegnet auf seiner Wanderung einem Engel, der ihn durchs Jenseits führt. Anschließend sieht er den ehemaligen Reichenauer Abt Waldo (786-806), der sich nach seinem über zehn Jahre zurückliegenden Tod immer noch auf einem Berg zur Läuterung befindet[190]. Auf die Frage Wettis, warum Waldo Qualen zur Reinigung der Seele erleiden müsse, antwortet ihm der Engel, ein kürzlich verstorbener Bischof (Adalhelm), habe seine Gebetsverpflichtungen gegenüber Waldo nicht erfüllt. Dadurch, dass der Bischof bei der Gebetshilfe nachlässig gewesen sei, erleide jetzt auch er selbst Strafqualen im Jenseits, da niemand

---

186 Angenendt, Arnold: Theologie und Liturgie der mittelalterlichen Toten-Memoria. S. 118.
187 Wahlafrid Strabi: Visio Wettini. Die Vision Wettis. Lateinisch – Deutsch. Übersetzung, Einführung und Erläuterungen von Hermann Knittel. Sigmaringen 1986. Einführung. S. 7 f.
188 Heitonis Visio Vettini, ed. Ernest Dümmler (= MGH Poetae latini aevi carolini, 2). Berlin 1964. S. 267-275.; vgl. dazu: Kleinschmidt, Erich: Zur Reichenauer Überlieferung der „Visio Wettini" im 9. Jahrhundert. In: Deutsches Archiv zur Erforschung des Mittelalters, 30. 1974. S. 199.
189 Wahlafrid Strabi: Visio Wettini. Die Vision Wettis. Lateinisch – Deutsch. Übersetzung, Einführung und Erläuterungen von Hermann Knittel. Sigmaringen 1986.
190 Wahlafrid Strabi: Visio Wettini. S. 62 f.

für ihn beten würde[191]. Auf die weiterführende Frage Wettis, wo sich der Bischof befindet, antwortet der Engel: *Ex alia montis male parte tenetur*. Der Bischof erleidet folglich an einer anderen Stelle des Berges dieselben Strafen zur Läuterung.

Das Thema der Gebetshilfe, welches an dieser Stelle nur ansatzweise anklang, durchzieht die Vision wie ein roter Faden. Auch wenn der aufgeschriebene Text Heitos als mehr oder weniger manipulierter Bericht aufgefasst werden kann, darf die Bedeutung der Vision nicht unterschätzt werden. Denn diese war wohl einer der Hauptgründe, wenn nicht sogar der ausschlaggebende Faktor für die Anlage des Reichenauer Gedenkbuches[192]. Zu den Schreckenserzählungen aus dem Jenseits kam eine Vielzahl realer weltlicher Probleme, von denen die Reichsannalen berichteten. In den Jahren 823/24 schrieb der Chronist von einer grassierenden *pestilentia* und erwähnte weitere Katastrophen und eine Hungersnot[193].

Vor dem Hintergrund dieser Endzeitstimmung, die zum Teil als der Untergang der Welt von den Zeitgenossen interpretiert wurde, muss die Entstehung des Reichenauer Gedenkbuches als direkte Folge verstanden werden. Die *Visio Wettini* mit ihren Schreckensberichten schürte die Ängste jener Menschen noch zusätzlich. Die klösterliche Gebetsverbrüderung vor dem Hintergrund der Reformen Karls des Großen und Ludwigs des Frommen

---

191 Wahlafrid Strabi: Visio Wettini. S. 64.; vgl.: Schmid, Karl: Bemerkungen zur Anlage des Reichenauer Verbrüderungsbuches. Zugleich ein Beitrag zum Verständnis der „Visio Wettini". Erstdruck: Elm, Kaspar/Gönner, Eberhard/Hillenbrand, Eugen: Landesgeschichte und Geistesgeschichte. Festschrift für Otto Herding zum 65. Geburtstag. Stuttgart 1977 (=Veröffentlichungen der Kommission für geschichtliche Landeskunde in Baden-Württemberg, Reihe B, Forschungen 92). S. 24-41. Jetzt in: Schmid, Karl: Gebetsgedenken und adeliges Selbstverständnis im Mittelalter. Ausgewählte Beiträge. Festgabe zu seinem sechzigsten Geburtstag. Sigmaringen 1983. S. 523.

192 Neiske, Franz: Vision und Totengedenken. S. 156.; vgl.: Schmid, Karl: Bemerkungen zur Anlage des Reichenauer Verbrüderungsbuches. S. 528.

193 Annales Regni Francorum. Inde ab a. 741, usque ad a. 829, hg. von Friedrich Kurze (= MGH Scriptores Rerum Germaniarum In Usum Scholarum, 6). Hannover 1895. S. 163-164.

bleibt natürlich trotzdem das übergeordnete Prinzip, das schließlich Verbrüderungsbücher entstehen ließ[194], doch im speziellen Fall des Inselklosters darf die Vision des Mönches Wetti nicht unberücksichtigt bleiben.

4.3 Zur Anlage des Verbrüderungsbuches

Die Anlage des Reichenauer Gedenkbuches erfolgte in den 820er Jahren. Über das genaue Entstehungsjahr herrscht bisher keine Klarheit. Die Datierungen schwanken zwischen 823, 824 und 826. Da das Jahr 823 ein Krisenjahr war, ist die Möglichkeit, dass danach das Reichenauer Verbrüderungsbuch entstand, sehr plausibel[195]. Denn durch die grassierende Pest und die Hungerkatastrophe mussten die Mönche sich jederzeit davor fürchten zu sterben. Der Reichenauer Codex sicherte nach mittelalterlicher Vorstellung den darin eingeschriebenen Personen durch den Nameneintrag das ewige Leben, denn die Menschen verbanden damit die Hoffnung, dass Gott sie in sein „himmlisches Buch des Lebens" aufnehmen werde. Deshalb erscheint die Festlegung der Anlagezeit, wegen des erhöhten Bedarfs an Gebetshilfe, auf kurz nach 823 realistisch,[196].

Damit fällt das Reichenauer Gedenkbuch in das Abbiat Erlebalds (823-838). Unter ihm erlebte das Inselkloster seine Blütezeit[197]. Deshalb

---

194 Vgl. Kapitel 2.
195 Schmid, Karl: Bemerkungen zur Anlage des Reichenauer Verbrüderungsbuches. Zugleich ein Beitrag zum Verständnis der „Visio Wettini". Erstdruck: Elm, Kaspar/Gönner, Eberhard/Hillenbrand, Eugen: Landesgeschichte und Geistesgeschichte. Festschrift für Otto Herding zum 65. Geburtstag. Stuttgart 1977 (=Veröffentlichungen der Kommission für geschichtliche Landeskunde in Baden-Württemberg, Reihe B, Forschungen 92). S. 24-41. Jetzt in: Schmid, Karl: Gebetsgedenken und adeliges Selbstverständnis im Mittelalter. Ausgewählte Beiträge. Festgabe zu seinem sechzigsten Geburtstag. Sigmaringen 1983. S. 522.
196 Schmid, Karl: Bemerkungen zur Anlage des Reichenauer Verbrüderungsbuches. S. 522.; vgl.: Müller, Iso: Das Reichenauer Verbrüderungsbuch und der Klosterkonvent von Disentis. In: Schweizerische Zeitschrift für Geschichte, 35. 1985. S. 369.
197 Begrich, Ursula: Reichenau. S. 1071.

verwundert es auch nicht, dass der älteste Eintrag, nämlich der des eigenen Konvents, mit dem Namen Erlebald beginnt. Unter ihm befindet sich der Name Heito, eben jener Heito, der die *Visio Wettini* aufzeichnete[198]. Der Aufbau des Codex wird unten noch näher zu behandeln sein, doch sei schon jetzt auf den kopialen Charakter des Buches verwiesen. Denn ein Großteil der klösterlichen Listen aus dem älteren Teil des Gedenkbuches stammt aus der Zeit des Gebetsbünde von Attigny und Dingolfing, also noch aus den 60er bzw. 70er Jahren des 8. Jahrhunderts[199]. Die beiden Synoden haben folglich einen Anteil am Zustandekommen des Verbrüderungsbuches. Zur Zeit des Abtes Erlebald müssen die klösterlichen Gebetsverbrüderungen wieder (oder noch?) sehr aktuell gewesen sein.

Das Reichenauer Gedenkbuch stellt mit seinen 38.232 Namen[200] das monumentalste Dokument der frühmittelalterlichen Memoria dar. Gerade für die frühe Geschichte des Reichenauer Konvents ist der Codex unerlässlich, da, wie oben erläutert, fast keine Urkunden erhalten geblieben sind.

4.4 Der Aufbau des Codex

Eine erste relativ ausführliche Analyse des Aufbaus des Reichenauer Gedenkbuches vollzog P. Piper bei der Herausgabe der Verbrüderungsbücher

---

198 Das Verbrüderungsbuch der Abtei Reichenau. Einleitung, Register Faksimile, hg. von Johanne Autenrieth, Dieter Geuenich und Karl Schmid. (= MGH Libri Memoriales et Necrologia. Nova Series 1). Hannover 1979. Pag. 4-5. Im folgenden wird nach dieser Ausgabe zitiert.

199 Schmid, Karl: Wege zur Erschließung des Verbrüderungsbuches. In: Das Verbrüderungsbuch der Abtei Reichenau. Einleitung, Register Faksimile, hg. von Johanne Autenrieth, Dieter Geuenich und Karl Schmid, 1979 (= MGH Libri Memoriales et Necrologia. Nova Series I). S. 63.

200 Geuenich, Dieter: Die Namen des Verbrüderungsbuches. Ihre Aufnahme, Lemmatisierung und Wiedergabe in den Registern. In: Das Verbrüderungsbuch der Abtei Reichenau. Einleitung, Register Faksimile, hg. von Johanne Autenrieth, Dieter Geuenich und Karl Schmid, 1979 (= MGH Libri Memoriales et Necrologia. Nova Series I). S. 42.

von St. Gallen, Reichenau und Pfäfers[201]. Da es sich beim Reichenauer Codex trotz seiner fast 40.000 Namen nur um ein Buch handelt und nicht wie im Fall von St. Gallen um zwei unabhängige Codices, ist die Beschreibung bis heute noch weitestgehend gültig. Eine Neubearbeitung des Reichenauer Gedenkbuches veröffentlichten J. Authenrieth, D. Geuenich und K. Schmid erst 1979[202].

Der Codex wurde im Laufe der Jahre aus mehreren Teilen zusammengefügt. Der erste Teil (fol. 6-13), eine Quaternio, enthält Verbrüderungsabmachungen und Todesanzeigen aus dem 13., 14., 15. und beginnenden 16. Jahrhundert. Fast alle Blätter wurden im späten Mittelalter mit Zetteln und Streifen beklebt[203].

Teil 2 (pag. 1-134; fol. 14-80) umfasst das eigentliche Verbrüderungsbuch der Reichenau mit neunundfünfzig Pergamentblättern und acht Papierblättern, also acht Lagen[204], und steht deshalb im Folgenden im Focus der Betrachtungen. Ursprünglich waren alle Lagen Quaternionen. Mehrere von ihnen sind allerdings nur unvollständig überliefert und wurden deshalb im 17. Jahrhundert durch Papierdoppelblätter ergänzt[205]. Die letzten beiden Lagen, sieben und acht, sind bei späteren Bindearbeiten vertauscht worden.

---

201   Libri confraternitatum Sancti Galli, Augiensis, Fabariensis, hg. von Paul Piper (= MGH Libri confraternitatum). Hannover 1884. Unveränderter Nachdruck 1984. S. 147-150.
202   Das Verbrüderungsbuch der Abtei Reichenau. Einleitung, Register Faksimile, hg. von Johanne Autenrieth, Dieter Geuenich und Karl Schmid. (= MGH Libri Memoriales et Necrologia. Nova Series 1). Hannover 1979.
203   Autenrieth, Johanne: Beschreibung des Codex. In: Das Verbrüderungsbuch der Abtei Reichenau. Einleitung, Register Faksimile, hg. von Johanne Autenrieth, Dieter Geuenich und Karl Schmid, 1979 (= MGH Libri Memoriales et Necrologia. Nova Series I). S. 15.
204   Autenrieth, Johanne: Beschreibung des Codex. S. 17.
205   Fehlende Blätter: pag. 13/14 fol. $20^{r/v}$; pag. 27/28, fol. $27^{r/v}$; pag. 33/34, fol. $30^{r/v}$; pag. 39/40, fol. $33^{r/v}$; pag. 61/62, fol. $44^{r/v}$; pag. 75/76, fol. $51^{r/v}$; pag. 77/78, fol. $52^{r/v}$; pag. 91/92, fol. $59^{r/v}$.

Die Namenreihen unterteilten die Schreiber in je vier Kolumnen pro Seiten mit je 39 Zeilen[206].

Der anschließende dritte Teil (pag. 135-164, fol. 81-95) besteht aus 14 Pergamentblättern und einem kleineren Pergamentblatt. Eine regelmäßige Lage bietet nur der Quaternio von pag. 135-150 (fol. 81-88). Die restlichen Pergamentblätter (pag. 151-164, fol. 89-95) bestehen aus einem Konglomerat einzelner Blätter[207]. Der dritte Teil bietet wichtige Vergleichsmöglichkeiten zum eigentlichen Verbrüderungsbuch, da er abgesehen von einigen Urkundenabschriften auch eine fast vollständige Professliste enthält. Der Grundstock stammt aus dem 10. Jahrhundert[208].

Im hinteren Holzdeckel des Buches befindet sich eine Papiertasche, die verschiedene Blätter enthält: Vermerke einer Bibliothekarshand (fol. 97), eine Abschrift des Verbrüderungsvertrages zwischen Reichenau und St. Gallen (fol. 98) und Notizen aus dem 19. Jahrhundert (fol. 99). Außerdem befinden sich auf einem eingehefteten Blatt ein Inhaltsverzeichnis und ein alphabetisch geordnetes Register aller im Verbrüderungsbuch eingetragenen Gemeinschaften[209].

Der Inhalt lässt sich vor allen Dingen in zwei Bereiche des Gedenkens differenzieren. Zum einen sind dies die verbrüderten klösterlichen und klerikalen Gemeinschaften und andererseits das Laiengedenken, z. B. für lebende und verstorbene Wohltäter. Den Schwerpunkt bildet aber eindeutig die Klosterverbrüderung[210]. Dem Reichenauer Codex liegt im Gegensatz zu den beiden St. Galler Verbrüderungsbüchern ein Anlageplan zugrunde. Auf pag. 3 befinden sich *Capitula*, also Überschriften, die zweiundfünfzig Klöster und vier Domstifte in nummerierter Reihenfolge auflisten. Die meisten

---

206 Autenrieth, Johanne: Beschreibung des Codex. S. 17.; vgl.: Schmid, Karl/Wollasch, Joachim: Die Gemeinschaft der Lebenden und Verstorbenen in Zeugnissen des Mittelalters. S. 373.
207 Autenrieth, Johanne: Beschreibung des Codex. S. 20 f.
208 Autenrieth, Johanne: Beschreibung des Codex. S. 15.
209 Autenrieth, Johanne: Beschreibung des Codex. S. 16.
210 Schmid, Karl: Wege zur Erschließung des Verbrüderungsbuches. S. 60.

davon wurden auch nach dieser Zählung in den Codex eingetragen. Der Grundbestand des Reichenauer Gedenkbuches lässt sich demnach auf die 54 Klöster und vier Domstifte reduzieren. In späterer Zeit kamen weitere Konvente hinzu, so dass schließlich über 100 Monasterien im dem Gedenkbuch Platz fanden[211], in St. Gallen war es gerade einmal ein knappes Drittel. Bis pag. 88 füllten die Schreiber den Codex mit Konventslisten. Die meisten Listen lagen, wie oben erläutert, bereits vor, weshalb sie von den Reichenauer Schreibern nur noch übertragen werden mussten. Die Listen der westfränkischen Klöster Jumièges (pag. 70), Saint-Germain-des-Prés (pag. 71), Saint Faron-de Meaux (pag. 69), Rebais (pag. 68), Buxbrunno (pag. 67) und wahrscheinlich Gorze (pag. 66), Moyenmoutier (pag. 65), Münster im Gregoriental (pag. 55), Murbach (pag. 44-45) und Niederaltaich (pag. 24-25) reichen in die Zeit der Synode von Attigny 762 zurück[212]. Alle hier aufgeführten Konvente waren an dem Gebetsbund beteiligt[213]. Aufgrund der Listen, die demnach über 50 Jahre im Inselkloster gelegen hätten, ist die Vermutung geäußert worden, es könne ein Vorgängerbuch existiert haben, dafür gibt es allerdings keinerlei Beweise[214].

Die zweite große Gruppe bildete das Laiengedenken. Auf pag. 98 befindet sich eine Überschrift in karolingischer Majuskelschrift: *NOMINA AMICORUM VIVENTUM*, in der sämtliche Wohltäter, Stifter und „Freunde" des Klosters Platz fanden. Einen entsprechenden Ort für die Verstorbenen enthält pag. 114 mit den *NOMINA DEFUNCTORUM, QUI PRESENS COENOBIUM SUA LARGITATE FUNDAVERUNT*. Das bedeutet, von Anfang an sollte nicht nur der verbrüderten Gemeinschaften gedacht werden, son-

---

211 Schmid, Karl/Wollasch, Joachim: Die Gemeinschaft der Lebenden und Verstorbenen in Zeugnissen des Mittelalters. S. 374.
212 Dazu z B.: Geuenich, Dieter: Gebetsgedenken und anianische Reform-Beobachtungen zu den Verbrüderungsbeziehungen der Äbte im Reich Ludwigs des Frommen. S. 102.; Schmid, Karl/Oexle, Otto Gerhard: Voraussetzungen und Wirkung des Gebetsbundes von Attigny. S. 90 ff.
213 Schmid, Karl/Wollasch, Joachim: Die Gemeinschaft der Lebenden und Verstorbenen in Zeugnissen des Mittelalters. S. 375.
214 Schmid, Karl: Wege zur Erschließung des Verbrüderungsbuches. S. 63.

dern auch der Laien. Die Gliederung der lebenden Personen erfolgte nach *Ordines*, wie Mitgliedern der Königsfamilie, Bischöfen, Äbten, Priestern und Grafen. Bei verstorbenen geistlichen Würdenträgern ist diese Unterteilung interessanterweise nicht der Fall, sie sollten in der Liste des jeweils eigenen Konvents Platz haben[215]. Der Eintrag erfolgte meist in Personengruppen, Einzeleinträge sind seltener. Ludwig der Fromme z. B. trug sich sogar eigenhändig ein, ein eher seltener Vorgang[216]. Die Aufnahme der Laiengruppen reichte, wie die Überschriften zeigen, bis in die Anlagezeit zurück und wurde bis ins 9. Jahrhundert hinein ergänzt[217]. Zur selben Zeit nahm die Klosterverbrüderung ab, und es dominierten Sippeneinträge der weltlichen und geistlichen Großen. Im 10. Jahrhundert dagegen herrschten adelige Gruppeneinträge vor bis ins 11. Jahrhundert hinein. Von da an versiegten die Einträge fast ganz.

Das Reichenauer Gedenkbuch zeigt durch die oben gemachten Ausführungen die Tendenz zu den Laieneinträgen recht gut. Die zunehmenden Krisen im Frankenreich veranlassten die Menschen, für ihr Seelenheil vorzusorgen, und dies konnte am besten durch die Gebetshilfe der Klöster geschehen. Hungersnöte, Epidemien, Einfälle und der Zerfall des Frankenreichs deuteten die mittelalterlichen Menschen als das bevorstehende Ende der Welt. Dementsprechend versuchten sie, in ein *Liber vitae* aufgenommen und so von Gott nicht vergessen zu werden[218]. Dieser Umstand erklärt die vielen tausend Namen im Reichenauer Gedenkbuch, die allmählich auch die für die Konvente freigelassenen Seiten füllten. Die große Anzahl der Laieneinträge mag auch daran gelegen haben, dass Reichenau eine Zwischenstation auf dem Weg nach Rom war und daher immer wieder Pilger-

---

215 Schmid, Karl: Wege zur Erschließung des Verbrüderungsbuches. S. 62.
216 Das Verbrüderungsbuch der Abtei Reichenau. pag. 5 B1.
217 Schmid, Karl/Wollasch, Joachim: Die Gemeinschaft der Lebenden und Verstorbenen in Zeugnissen des Mittelalters. S. 386.
218 Vgl. Kapitel 2.3.1

scharen dort halt machten. Diese ließen sich dann in den Reichenauer Codex eintragen[219].

4.5 Die überlieferten Listen des Reichenauer Konvents im Reichenauer Verbrüderungsbuch

Im Gegensatz zum St. Galler Verbrüderungsbuch, in dem die Listen des eigenen Konvents ganz verloren gingen, blieben im Reichenauer Codex die Konventslisten der Reichenauer Brüder vollständig erhalten. Ohne eine detaillierte Analyse der einzelnen Listen vorzunehmen, sollen diese im Folgenden zumindest erwähnt werden um zu verdeutlichen, welche Möglichkeiten sich für die Forschung ergeben.

Die älteste in ursprünglicher Form überlieferte Liste ist die Erlebald-Liste. Es handelt sich um eine Lebendenliste mit der Überschrift *Nomina vivorum fratrum insulanensium*[220]. An der Spitze steht *Erlebaldus abba*, denn unter ihm wurde das Reichenauer Gedenkbuch erst angelegt. Darunter erhielt der ehemalige Abt und Basler Bischof Heito seinen Platz. Anschließend folgen 111 Mönche. Der Namenbestand muss kurz nach dem Tod Wettis eingeschrieben worden sein[221]. Das Verzeichnis führten die Reichenauer Schreiber konsequent bis in die 70er Jahre des 9. Jahrhunderts wohl in halbjährigen Intervallen fort, danach nur noch vereinzelt bis zum Ausgang des Mittelalters.

Zur Erlebald-Liste kommen noch die *Nomina defunctorum* auf pag. 6-9 hinzu. Die eigene Klostergemeinschaft wurde an Anfang des Codex eingetragen, da sie die Grundlage für die Verbrüderungen mit anderen Konventen stellt[222]. Gemeinsam mit den bereits erläuterten *Nomina amicorum* und

---

219 Beyerle, Konrad: Das Reichenauer Verbrüderungsbuch als Quelle der Klostergeschichte. S. 1123.
220 Das Verbrüderungsbuch der Abtei Reichenau. pag. 4-5.
221 Rappmann, Roland/Zettler, Alfons: Mönche und Konvent. S. 106.
222 Beyerle, Konrad: Das Reichenauer Verbrüderungsbuch als Quelle der Klostergeschichte. In: Beyerle, Konrad: Die Kultur der Abtei Reichenau. Erinnerungsschrift zur zwölfhundertsten Wiederkehr des Gründungsjahres des Inselklosters 724-1924. Bd. 2. Neudruck der Ausgabe München 1925. Aalen 1970. S. 1111.

Nomina defunctorum[223] setzen sich die Erlebald- und die Verstorbenenliste zum Kern des Verbrüderungsbuches zusammen.

Die Erlebald-Liste an sich bietet schon vielfache Möglichkeiten, den Reichenauer Konvent zu erforschen. Ein Beispiel dazu sollte genügen: Üblicherweise sind sämtliche in den frühmittelalterlichen Gedenkbüchern erhaltenen Reichenauer Listen nach dem Profeßalter geordnet, auf die Erlebald-Liste trifft dies nicht zu. Diese beginnt mit Abt Erlebald (823-838), gefolgt von seinem Vorgänger Heito (806-823), und elf weiteren Presbytern, durchbrochen von dem Klosterbibliothekar Reginbert und dem Glaskünstler Mattheus. Danach kommen ebenfalls in der ersten Kolumne dreiundzwanzig Priester hinzu. Die zweite Kolumne fährt mit elf Mönchen und fünf Priestern fort. Nach der 16. Stelle in der zweiten Kolumne sind die Namen mit sämtlichen Weihegraden durchmischt. Es finden sich sowohl Priester, Diakone und einfache Mönche wieder. Und genau an dieser Stelle lässt sich eine deutliche Zäsur erkennen, die eine Spaltung der klösterlichen Gemeinschaft in zwei Gruppen vermuten lässt[224]. Zum einen die „Heito-Gruppe", die nach der älteren klösterlichen Ordnung nach dem Weihegrad ins Gedenkbuch aufgenommen wurde bis zur 16. Stelle in der 2. Kolumne, und zum anderen die neu hinzugekommenen Mönche, welche nach ihrem Professalter geordnet einen Eintrag erhielten. Die Erlebald-Liste zeigt somit eine Wandlung des innerklösterlichen Lebens im 8. Jahrhundert[225].

Doch es wäre zu einseitig, die Liste des Reichenauer Konvents separiert zu betrachten, denn es blieben weitere Listen aus dem 9. Jahrhundert erhalten, die Vergleiche zur Erlebald-Liste ermöglichen. Unter Abt Folkwin (849-858) entsandten die Schreiber eine weitere Gedenkliste mit den gesamten damals lebenden Mitgliedern nach Brescia, die dann um 855 in das dortige Gedenkbuch eingetragen wurde[226]. Folkwin ist bereits in der Erlebald-Liste an 91. Stelle als Mönch und Diakon eingetragen worden. Aus

---

223 Das Verbrüderungsbuch der Abtei Reichenau. Pag. 98 ff. und 114-115.
224 Rappmann, Roland/Zettler, Alfons: Mönche und Konvent. S. 110 ff.
225 Rappmann, Roland/Zettler, Alfons: Mönche und Konvent. S. 113.
226 Der Memorial- und Literaturcodex von San Salvatore, San Giulia in Brescia, hg. von Dieter Geuenich.

den 870er Jahren stammt eine Liste des Inselklosters, welche die Schreiber von Pfäfers im *Liber Viventium* eintrugen, die sogenannte Ruadho-Liste unter Abt Ruadho (871-888) mit der Überschrift *Haec sunt nomina fratrum insulanensium*[227]. Eine letzte Liste im jüngeren St. Galler Gedenkbuch sollte ebenfalls nicht unberücksichtigt bleiben. Es handelt sich um die Richgoz-Liste, bei der ein Abt nicht genannt wird[228]. Sie blieb zwar nicht vollständig erhalten, bietet aber trotzdem Anhaltspunkte, vor allen Dingen als eines der wenigen Dokumente der reichenauisch-sanktgallischen Verbrüderungsbeziehungen. Sämtliche überlieferten Namenverzeichnisse bieten beim Vergleich weitere Anhaltspunkte zur Geschichte des Inselklosters, zur Konventsstärke und etlichen weiteren Entwicklungen.

Zu den bisher erwähnten Gedenklisten kommt auch noch die Abschrift der Reichenauer Professliste hinzu, auf den letzten Seiten des Reichenauer Gedenkbuches[229]. In ihr finden sich sämtliche Mönche wieder, die vom 8.-10. Jahrhundert ihr Gelübde ablegten, insgesamt 626 Namen. Wahrscheinlich begannen die Schreiber mit der Erstellung um 810[230]. Obwohl die Liste nur kopial überliefert wurde, kann sie als eine weitere Quelle zum Vergleich mit anderen Listen genutzt werden.

4.6 Ausdehnung und Bedeutung der Reichenauer Verbrüderungsbewegung

Die eigenen Listen des Reichenauer Konvents wurden, da sie den Kernbestand des Reichenauer Gedenkbuches bilden, schon relativ ausgiebig betrachtet. Unbeachtet blieben bisher die weitreichenden Verbrüderungsbeziehungen des Monasterium, die nun zu behandeln sind.

---

227 Liber Viventium Fabariensis. Faksimile Edition, hg. von Alfred Bruckner. Basel 1973. Pag. 21-23.
228 Versuch einer Rekonstruktion der St. Galler Verbrüderungsbücher des 9. Jahrhunderts, von Karl Schmid. Pag. 76, B. fol. 4ʳ.; vgl.: Rappmann, Roland/Zettler, Alfons: Mönche und Konvent. S. 174-189.
229 Das Verbrüderungsbuch der Abtei Reichenau. Pag. 137-139.
230 Rappmann, Roland/Zettler, Alfons: Mönche und Konvent. S. 211.

Nach den Namen der Reichenauer Mönche[231] folgen im Gedenkbuch die der benachbarten Abtei St. Gallen auf pag. 10-13. Das bedeutet, ganze vier Seiten wurden für ein einziges Kloster freigehalten, eine seltene Praxis, die die besonderen Beziehungen zwischen den beiden Konventen hervorhebt. An dritter Stelle folgt dann Pfäfers auf pag. 14-15. Die *Capitula* auf pag. 3 wurden weitestgehend von den Schreibern umgesetzt. Es kann im folgenden nicht darum gehen, sämtliche 54 Konvente, die in den *Capitula* aufgelistet sind, wiederzugeben, weshalb nur geographische Schwerpunkte auszumachen sind. Nach St. Gallen folgen rätische und italienische Klöster sowie bayrische. Weiter geht es dann in Richtung Westen in fränkische, hessische und alemannische Gebiete. Ein deutlicher Schwerpunkt der klösterlichen Verbrüderung bestand eindeutig zwischen der oberen Mosel und dem Schwarzwald[232]. Die letzten Monasterien befanden sich im westfränkischen Bereich und bildeten ebenfalls eine Gruppe. Abschließend folgten die Bistümer Konstanz (pag. 83), Basel (pag. 84) und Straßburg (pag. 85).

In diesem Zusammenhang darf nicht außer acht gelassen werden, dass die Listen der 52 Konvente teilweise aus der Zeit der Synoden von Attigny stammten. Die Monasterien, welche durch Listen jener Zeit repräsentiert waren, wurden oben bereits aufgelistet. Dies bedeutet wiederum nicht, dass die Gebetsbeziehungen zur Zeit der Entstehung des Reichenauer Codex noch aktuell waren bzw. die Klöster in regelmäßigem Kontakt standen. Z. B. die Listen von Buxbrunno (pag. 67), Rebais (pag. 68) und Saint-Faronde-Meaux (pag. 69) sind singulär, d.h. es fand nur ein einmaliger Namenaustausch statt, die Kontakte rissen zum Ende des 8. Jahrhunderts hin ab[233]. Die Gebetsbeziehungen zu S. Germain-des-Prés (pag. 72-73) waren dagegen langlebiger, wie die Ergänzungen der Kolumnen zeigen. Um 824 befanden sich die Klöster St. Gallen (pag. 10-13), Fulda (pag. 36-39), Lorsch (pag. 54), Prüm (pag. 60), Hornbach (fehlt), Klingenmünster (pag. 52), Weißenburg (pag. 46-47), Kempten (pag. 42-43), Murbach (pag. 44-45),

---

231 Das Verbrüderungsbuch der Abtei Reichenau. Pag. 4-9.
232 Vgl.: Schmid, Karl: Wege zur Erschließung des Verbrüderungsbuches. S. 61.
233 Schmid, Karl/Oexle, Otto Gerhard: Voraussetzungen und Wirkung des Gebetsbundes von Attigny. S. 98.

Luxeuil (pag. 53) u. a. und die Diözesen Konstanz (pag. 83), Basel (pag. 84) und Straßburg (pag. 85) in aktueller Gebetsbeziehung[234].

In der zweiten Hälfte des 9. Jahrhunderts ist ein deutliches Nachlassen des Austauschs klösterlicher Gedenklisten zu beobachten, dafür gab es um so mehr Laieneinträge. Dies stand vorwiegend mit dem Tod Ludwigs des Frommen in Zusammenhang, denn danach begann das Frankenreich allmählich zu zerfallen. Die Zeit der Bruderkriege begann, die letztlich zum Vertrag von Verdun 843 zwischen Lothar I., Ludwig dem Deutschen und Karl dem Kahlen führten und damit zur Teilung des Frankenreichs. Nach der Aufsplittung in die drei Teilreiche begann auf der Reichenau eine stetige Verlagerung der klösterlichen Gebetsbeziehungen in den ostfränkischen Raum[235]. Der Begriff der „Regionalisierung der Gebetsbeziehungen" erscheint an dieser Stelle angebracht[236].

---

234 Dazu: Geuenich, Dieter: Gebetsgedenken und anianische Reform-Beobachtungen zu den Verbrüderungsbeziehungen der Äbte im Reich Ludwigs des Frommen. S. 103.
235 Schmid, Karl/Wollasch, Joachim: Die Gemeinschaft der Lebenden und Verstorbenen in Zeugnissen des Mittelalters. S. 376.
236 Geuenich, Dieter: Gebetsgedenken und anianische Reform-Beobachtungen zu den Verbrüderungsbeziehungen der Äbte im Reich Ludwigs des Frommen. S. 105.

5 DER *LIBER VIVENTIUM* VON PFÄFERS

5.1 Zur frühen Geschichte des Klosters Pfäfers bis zur Anlage des Gedenkbuches

Pfäfers lag im Bistum Chur, in der heutigen Schweiz. Die Quellenlage zur Frühgeschichte ist äußerst schlecht, so dass über die Gründung nur Vermutungen geäußert werden können. Das geschätzte Entstehungsjahr des Klosters schwankt zwischen 731[237] und 735/740[238]. Die erste gesicherte Nachricht über Pfäfers geht auf den Totenbund von Attigny 762 zurück, denn dort unterzeichnete ein *Athalbertus abbas de Fabarias* (Pfäfers) an 40. Stelle die Vereinbarung[239]. A. Bruckner vermutete, dass Adalbert der dritte Abt von Pfäfers war, weshalb bei einer geschätzten Regierungszeit jedes Abtes von etwa zehn Jahren die Gründung um 735/740 anzusetzen wäre[240].

---

237 Z. B.: Schnyder, Hans: Das Gründungsdatum des Klosters Pfäfers. In: Vogler, Werner (Hrsg.): Die Abtei Pfäfers. Geschichte und Kultur. Eine Ausstellung des Stiftsarchivs St. Gallen im Nordflügel des Regierungsgebäudes, St. Gallen, vom 14. April bis 8. Mai 1983. St. Gallen 1983. S. 26.; zum Gründungsdatum auch: Geuenich, Dieter: Die ältere Geschichte von Pfäfers im Spiegel der Mönchslisten des Liber Viventium Fabariensis. In: Frühmittelalterliche Studien, 9. 1975. S. 226.

238 Z. B.: Vogler, Werner: Der Liber Viventium von Pfäfers. Eine Einführung. In: Müller, P. Iso/Pfaff, Carl (Hrsg.): Thesaurus Fabariensis. Die Reliquien-, Schatz- und Bücherverzeichnisse im Liber Viventium von Pfäfers. St. Gallen 1985. S. 7.; auch bei: Büttner, Heinrich: Zur frühen Geschichte der Abtei Pfäfers. Erstdruck in: Zeitschrift für Schweizerische Kirchengeschichte, 53. 1959. S. 1-17. Jetzt in: Patze Hans (Hrsg.): Schwaben und Schweiz im frühen und hohen Mittelalter. Gesammelte Aufsätze von Heinrich Büttner. Sigmaringen 1972 (= Vorträge und Forschungen 15). S. 226.

239 Concilium Attiniacense (= MGH Concilia aevi Karolini 1, 1). Erstdruck: Hannover 1906. Unveränderter Neudruck: Hannover 1979. S. 73.

240 Büttner, Heinrich: Zur frühen Geschichte der Abtei Pfäfers. S. 226.; vgl. Angenendt, Arnold: Monachi Peregrini. S. 120.

In der Chronik Hermann des Lahmen von Reichenau (1013-1054) wurde das erste Mal ein konkretes Gründungsdatum, nämlich 731, genannt[241]. Der Mönch erwähnte außerdem, dass Pfäfers vom Kloster Reichenau personell ausgestattet wurde, eine Behauptung, die durchaus im Bereich des möglichen liegt. Doch wie schon beim Gründungsjahr entbrannte auch hier ein Historikerstreit darüber, ob der Reichenauer Konvent überhaupt an der Gründung beteiligt war, und wenn ja, in welchem Umfang. Denn Hermann der Lahme berichtete, Reichenau habe zwölf Mönche nach Pfäfers zur Gründung gesandt und je dieselbe Anzahl an Mönchen in zwei weitere Klöster, insgesamt folglich 36 Mönche. Da Reichenau selbst erst 724 gegründet oder neugegründet wurde, wirkt die Zahl von 36 entsandten Mönchen unrealistisch[242]. Die übertriebene Zahl schließt eine personelle Beteiligung trotzdem nicht aus, sie ist sogar sehr wahrscheinlich. Im Gedenkbuch von Pfäfers, dem *Liber Viventium*, befindet sich eine Liste mit den Namen der Pfäferser Äbte, die unten noch genauer zu erläutern sein wird[243]. Darin steht an erster und vierter Stelle Adalbert, jener Abt, der an der Synode von Attigny teilnahm, und dazwischen an zweiter Stelle der Name Gebba. H. Büttner hat eindeutig nachgewiesen, dass diese beiden Namen nichtromanisch sind, sondern vielmehr dem alemannisch-fränkischen Raum angehören[244]. Die folgenden Äbte auf der Liste tragen dagegen ausschließlich romanische Namen und kamen deshalb wohl aus dem rätischen Gebiet, in dem sich Pfäfers befand. Gebba war ein äußerst

---

241 Herimanni Augiensis Chronicon a. 1-1054, hg. von Heinrich Pertz (= MGH Scriptorum, 5). Erstdruck: Hannover 1844. Unveränderter Neudruck: Hannover 1968. S. 67-133.
250 Müller, Iso: Zur Gründung von Pfäfers. In: Vogler, Werner (Hrsg.): Die Abtei Pfäfers. Geschichte und Kultur. Eine Ausstellung des Stiftsarchivs St. Gallen im Nordflügel des Regierungsgebäudes, St. Gallen, vom 14. April bis 8. Mai 1983. St. Gallen 1983. S. 23.
243 Liber Viventium Fabariensis. Faksimile Edition, hg. von Alfred Bruckner. Basel 1973. Pag. 51
244 Büttner, Heinrich: Zur frühen Geschichte der Abtei Pfäfers. S. 227.

seltener Name, der im Reichenauer Gedenkbuch mehrmals auftaucht[245], weshalb eine Beteiligung des Inselklosters an der Gründung von Pfäfers sehr naheliegend ist.

Ohne die Diskussion weiter zu verfolgen, da sie für den *Liber Viventium* von Pfäfers nicht weiter bedeutend ist, soll nun der Blick auf die Lage des Monasterium gerichtet werden. Pfäfers befand sich auf einer nicht leicht zugänglichen Höhe über dem Rheintal. Dadurch bot es Möglichkeiten zur Verteidigung und war deshalb politisch und strategisch wichtig. Abgesehen davon hatte das Kloster die Funktion eines Vorpostens in Unterrätien[246]. Wie bedeutend Pfäfers durch seine strategische Lage wurde, zeigt das Diplom Lothars I. von 840. Da die Nachfolge Ludwigs des Frommen nicht geklärt war, sicherte sich Lothar I. das Wohlwollen des Abtes Silvanus (840-861), indem er ein Immunitätsprivileg und Königsschutz für Pfäfers ausstellte[247]. Die Urkunde wurde zwar im zehnten Jahrhundert stark verunechtet, die Immunitätsbestätigung bleibt aber trotzdem wahrscheinlich. Das Monasterium lag zugleich an den wichtigen Verkehrswegen vom Bodensee über den Wallensee und schirmte dadurch die Bündner Pässe ab[248]. Die Immunität wurde in den folgenden Jahrhunderten immer wieder bestätigt, so z. B. von Kaiser Ludwig II. 861[249] und unter Otto I. im Jahre 950[250].

Im 9. Jahrhundert erlebte der Konvent seine große Blüte, wie die Anlage des prächtig gestalteten *Liber Viventium* veranschaulicht. Pfäfers entwickelte sich zu einem der bedeutenden Klöster des Frühmittelalters. Bis zu 70

---

245 Perret, Franz/Vogler, Werner: Pfäfers. In: Helvetia Sacra, hg. vom Kuratorium der Helvetia Sacra. Bd. 3, 1. Bern 1986 S. 980. S. 980-1033.
246 Perret, Franz/Vogler, Werner: Pfäfers. S. 980.
247 Urkundenbuch der südlichen Teile des Kantons St. Gallen. Bd. 1, hg von Franz Perret. Rorschach 1961. Nr. 34. S. 39-41.
248 Büttner, Heinrich: Zur frühen Geschichte der Abtei Pfäfers. S. 237.
249 Urkundenbuch der südlichen Teile des Kantons St. Gallen. Bd. 1. Nr. 43. S. 48-50.
250 Urkundenbuch der südlichen Teile des Kantons St. Gallen. Bd. 1. Nr. 70. S. 74-75.

Mönche lebten dort[251]. Die Bedeutung des Monasteriums ging in den folgenden Jahrhunderten immer weiter zurück. Eine Zäsur setze die Reformation, wodurch das Kloster in eine Krise stürzte[252]. Die Französische Revolution entzog Pfäfers endgültig die ökonomische Grundlage, weshalb der Konvent am 9.1.1838 um die Aufhebung bat[253].

5.2 Die Entstehung des Gedenkbuches

Die Anlage des Pfäferser Verbrüderungsbuches spielt aufgrund der schlechten Quellenlage für die Frühgeschichte des Klosters eine besondere Rolle. Durch das Buch wurde es beispielsweise möglich, eine relativ geschlossene Äbteliste herzustellen, die unten noch behandelt wird.

Der *Liber Viventium* entstand um 800, unter welchem Abt dies geschah, konnte bisher nicht geklärt werden[254]. Der Codex ist der wertvollste der noch erhaltenen churrätischen Bücher, einerseits aufgrund seiner künstlerischen Gestaltung, andererseits aufgrund der Bedeutung für die Geschichte des Klosters. Der Grund für die Entstehung steht im Gegensatz zu den bisher betrachteten Gedenkbüchern von St. Gallen und Reichenau. Während der Galluskonvent und das Inselkloster von vorneherein Bücher anlegten, in denen Namen verbrüderter Monasterien und die der Wohltäter und Stifter aufgenommen werden sollten, kann dies für den *Liber Viventium* von Pfäfers nicht eindeutig nachgewiesen werden. Denn der Pfäferser Codex wurde als Evangelister angelegt, also einem Buch, in dem Auszüge aus den Evangelien zum liturgischen Gebrauch vorhanden sind. Darin besteht der ursprüngliche Zweck der Anlage.

---

251 Perret, Franz/Vogler, Werner: Pfäfers. S. 981.
252 Vogler, Werner: Pfäfers. In: Lexikon des Mittelalters, 6. München 1993. Sp. 1992.
253 Perret, Franz/Vogler, Werner: Pfäfers. S. 990.
254 Vogler, Werner: Der Liber Viventium von Pfäfers. S. 8.; Dazu auch: Geuenich, Dieter: Der Liber Viventium von Pfäfers als geschichtliches Dokument. In: Vogler, Werner (Hrsg.): Die Abtei Pfäfers. Geschichte und Kultur. Eine Ausstellung des Stiftsarchivs St. Gallen im Nordflügel des Regierungsgebäudes, St. Gallen, vom 14. April bis 8. Mai 1983. St. Gallen 1983. S. 32.

Insgesamt umfasst der Codex elf Lagen mit 178 Seiten. Die Lagen sind relativ unregelmäßig, denn die 1., 6., 9. und 10 bestehen aus Quinionen, die 2., 3., 5., 7. und 8. aus Quaternionen, die 4. und 11. aus Ternionen. Nach der ersten Lage folgt außerdem noch ein einzelnes Blatt, und nach der elften folgen zwei Blätter[255]. Zwischen den einzelnen Auszügen des Matthäus-, Markus-, Lukas- und Johannes-Evangeliums[256] ließen die Schreiber von vorneherein Seiten frei. Vor den Evangelien befindet sich ein Bildnis des jeweiligen Evangelisten. Die Seiten zwischen den Evangelien wurden mit Säulen und Zwillingsbögen versehen. Da zumindest immer der erste Bogen von demselben Künstler gemalt wurde, der auch die Bilder der Evangelisten zeichnete, müssen alle elf Lagen von Anfang an zusammengehört haben[257]. Hierbei stellt sich die Frage nach dem Grund für die Verzierung der leeren Seiten mit Bögen. Es besteht die Möglichkeit, dass die Seiten zur Aufnahme von Kanontafeln vorgesehen waren[258], oder aber sie sollten mit den Mönchsnamen der verbrüderten Klöstern und anderen Personen gefüllt werden[259] – beide Varianten sind plausibel.

Der früheste Eintrag nach den Evangelien stammt wohl von 830. Es handelt sich um einen Nameneintrag, der drei Seiten hinter dem Matthäus-Evangelium auf pag. 24 beginnt[260]. In drei Kolumnen trugen die Schreiber Namen ein. Die erste Reihe beginnt mit *Pippinus rex* (nachgetragen), *Karo-*

---

255 Zur Lagenbeschreibung: Vogler, Werner: Der Liber Viventium von Pfäfers. S. 11.
256 Matthäus-Evangelium: pag. 3-20.; Markus-Evangelium: pag. 53-64; Lukas-Evangelium: pag. 95-110.; Johannes-Evangelium: pag. 145-164. In: Liber Viventium Fabariensis. Faksimile Edition, hg. von Alfred Bruckner. Basel 1973. **Im folgenden wird nach dieser Ausgabe zitiert.**
257 Geuenich, Dieter: Der Liber Viventium von Pfäfers als geschichtliches Dokument. S. 32.
258 Perret, Franz: Über den Liber viventium Fabariensis. S. 99.; vgl. Geuenich, Dieter: Der Liber Viventium von Pfäfers als geschichtliches Dokument. S. 32.
259 Eggenberger, Christoph: Der künstlerische Schmuck des Liber Viventium von Pfäfers. In: Vogler, Werner (Hrsg.): Die Abtei Pfäfers. Geschichte und Kultur. Eine Ausstellung des Stiftsarchivs St. Gallen im Nordflügel des Regierungsgebäudes, St. Gallen, vom 14. April bis 8. Mai 1983. St. Gallen 1983. S. 42.
260 Liber Viventium Fabariensis. Pag. 24-25.

lus imperator, *Ludouuicus imperator*, *Pippinus rex*, usw. Es handelt sich dementsprechend um die karolingischen Herrscher, wobei mit dem ersten *Pippinus rex* der Vater Karls des Großen gemeint ist und mit dem zweiten dessen Sohn Pippin. Weitere Namen folgen, wie z.B. *Rothardus* und *Uuarinus*, die Verwalter in Alemannien waren, genauso wie *Humfredus*, Graf von Rätien, und dessen Sohn *Adalbertus*[261]. Die zweite Kolumne beinhaltet die Ehefrauen der Grafen und die dritte die Bischöfe und Präses von Chur. Diese drei Kolumnen ergaben gemeinsam den ältesten Eintrag im *Liber Viventium*. Sämtliche andere Nameneintragungen stammen aus späterer Zeit.

Bevor auf den weiteren inhaltlichen Aufbau eingegangen werden soll, bietet es sich an, die künstlerische Gestaltung des Pfäferser Gedenkbuches zu beschreiben, denn dabei zeigt sich ein deutlicher Unterschied zu den Verbrüderungsbüchern von St. Gallen und Reichenau.

5.3 Der „Schmuck" des *Liber Viventium*

Die bereits beschriebenen Codices von St. Gallen und Reichenau weisen eine sehr sparsame künstlerische Gestaltung auf. War der ältere Codex von St. Gallen noch mit verzierten Säulen und Arkaden bemalt ähnlich wie in Reichenau, kamen im jüngeren Gedenkbuch nur noch rote Federzeichnungen vor. Da es sich beim *Liber Viventium* von Pfäfers nicht um ein reines Verbrüderungsbuch handelt, sondern auch um ein Evangelistar, gestalteten die Künstler die Seiten wesentlich ausführlicher. Im Folgenden kann es nicht darum gehen, eine detaillierte Beschreibung der Bildnisse und Verzierungen zu geben, denn dies gehört wohl eher in den Bereich der Kunsthistoriker, doch sollen zumindest die Grundzüge erläutert werden, da sie unter anderem im Kontext der Memoria stehen.

Vor jedem der vier Evangelienauszüge malte ein Künstler das Bildnis des Evangelisten mit seinem jeweiligen Symbol. Markus wurde nach früh-

---

261 Geuenich, Dieter: Der Liber Viventium von Pfäfers als geschichtliches Dokument. S. 33 f.

christlicher Vorstellung das Symbol des Menschen zugeordnet, Matthäus der Löwe, Lukas der Stier und Johannes der Adler. Die Darstellungen gehen auf das Alte Testament zurück und schlugen sich in der Kunst des Mittelalters nieder[262]. Die Tiere bzw. der Mensch sind keine willkürlichen Zuweisungen, sondern sie verkörpern die Heilsgeschichte Christi. Matthäus als Mensch symbolisiert die Menschwerdung Christi, der Stier Lukas den Opfertod, Markus als Löwe die Auferstehung und Johannes als Adler die Himmelfahrt[263]. Deshalb wurden die Evangelisten symbolisch dargestellt, wie dies im *Liber Viventium* von Pfäfers geschah[264]. Die Bilder versahen die Künstler mit den Namen der Evangelisten in Kapitalschrift.

Ursprünglich wurden interessanterweise pag. 1-2 vor dem Matthäus-Evangelium freigelassen und sollten es wohl auch bleiben. Denn die freigelassenen Seiten passen genau in das Anlagekonzept: Sie sollten die Funktion eines Atriums erfüllen, das mit der Menschwerdung Christus beginnt und schließlich mit der Himmelfahrt Christi endet[265].

Die Evangelienauszüge selbst verzierten die Künstler teilweise mit kleineren Zeichnungen, die z. B. Fische, Tier- und Vogelköpfe darstellen[266]. Zwischen den Evangelientexten wurden 31, 29 bzw. 31 und hinter dem Johannes-Evangelium 13 Seiten freigelassen, insgesamt also 104 Seiten, die mit Doppelarkaden verziert wurden. Die Doppelarkaden direkt hinter den Evangelienauszügen auf pag. 21, 65 und 165 gehören in dieselbe Zeit wie die Texte. Der charakteristische Flechtbandschmuck mit seinen üppigen Farben, der an die Evanglistensymbole erinnert, verdeutlicht dies[267]. Die

---

262 Offenbarung: Apokalypse 4,6; 7,9; 19,4. In: Die Bibel. Neues Testament.
263 Eggenberger, Christoph: Der künstlerische Schmuck des Liber Viventium von Pfäfers. S. 39ff.
264 Matthäus-Bild: pag. 4; Markus-Bild: pag. 52; Lukas-Bild: pag. 95; Johannes-Bild: pag. 144.
265 Eggenberger, Christoph: Der künstlerische Schmuck des Liber Viventium von Pfäfers. S. 40.
266 Z.B. Pag. 19, 56, 57, 150, 151, 159.
267 Eggenberger, Christoph: Der künstlerische Schmuck des Liber Viventium von Pfäfers. S. 41.

Arkaden fehlen allerdings auf pag. 1, 2, 3, 142, 143 und 174. Von pag. 166 an fehlt die pflanzliche und zoomorphe Ausgestaltung der Kapitellen, und die Farbgebung lässt nach. Der Sorgfalt bei der Gestaltung des Codex nahm zum Ende hin stark ab.

Der *Liber Viventium* ist eine der vielseitigsten Handschriften im Gebiet der heutigen Schweiz. Die Besonderheit besteht vor allem darin, dass die Schrift, der Schmuck, die Doppelarkaden und die Evangelistensymbole von der Hand eines einzigen Schreibers und Illuminators stammen, ein im Frühmittelalter einmaliger Vorgang[268].

5.4 Zum inhaltlichen Aufbau

Die formalen Aspekte wie die Lagenaufteilungen wurden bereits oben beschrieben, während die inhaltlichen Aspekte unberücksichtigt blieben. Diese sollen nun in den Focus der Betrachtungen rücken.

Neben den Evangelienauszügen füllten die Pfäferser Schreiber die mit Doppelarkaden versehenen Seiten mit Namen. Nach jedem Evangelium folgt demnach ein Memorialteil. Unter Abt Silvanus (840-861) entstand eine Liste des Pfäferser Konvents auf pag. 67-68, allerdings ohne Überschrift. Sie beginnt mit *Silvanus abba*, die weiteren Mönche sind nach Weiherang und Gelübde unterteilt in *presbyteri, diaconi, subdiaconi, monachi* und *laici*. Durch die außerordentlich große Anzahl der Konventualen lässt sich die Blütezeit des Klosters im 9. Jahrhundert bestätigen. Eine weitere Konventsliste wurde unter Abt Silvanus nach St. Gallen versandt[269], wohl aufgrund des Verbrüderungsvertrages der beiden Klöster[270]. Im Reichenauer Gedenkbuch blieb ebenfalls eine Liste aus Pfäfers erhalten, die allerdings wohl schon in der Zeit des Abtes Crespio (vor 840) entstand und merkwürdigerweise gleich zweimal in den Reichenauer Codex eingetragen

---

268 Euw, Anton von: Liber viventium Fabariensis. S. 19.
269 Älteres St. Galler Gedenkbuch. Pag. 17; fol. 10^r.
270 Geuenich, Dieter: Die ältere Geschichte von Pfäfers im Spiegel der Mönchslisten des Liber Viventium Fabariensis. S. 241.

wurde[271]. Eine zeitliche Nähe zu den Silvanus-Listen in Pfäfers und St. Gallen ist damit gegeben. Auf pag. 25 im *Liber Viventium* von Pfäfers befindet sich ebenfalls eine Namenreihe des Pfäferser Konvents ohne jegliche Überschrift. D. Geuenich hat nachgewiesen, dass es sich dabei um ein Verzeichnis der Verstorben bis 850/60 handelt und nicht um eine Lebendenliste von 890, wie die ältere Forschung noch vermutete[272]. Der Vergleich sämtlicher überlieferter Listen eröffnet ein relativ geschlossenes Bild des Pfäferser Konvents von Crespio bis zu Silvanus, einer Zeit, aus der sonst kaum Quellen überliefert wurden.

Zu den erhaltenen Konventslisten von Pfäfers kommt auch noch eine Äbtereihe hinzu, die bis zu den Anfängen des Monasteriums zurückreicht[273]. Sie beginnt mit Adalbertus (vor 762) und fährt mit Gibba (vor 762), Anastasius (vor 762), Adalbertus (vor 762), Lupicinus (nach 762) usw. fort. Der erste sicher datierbare Abt, der durch weiterer Quellen bestätigt werden kann, ist Silvanus (840-861). Sein Name tauchte auch in dem Immunitätsprivileg Lothars I. auf. Gerade weil Quellen für die Frühgeschichte des Klosters kaum vorhanden sind, tritt die Bedeutung dieser Liste besonders hervor. Der Name Adalbert steht an erster und an vierter Stelle. Aufgrund der Seltenheit des Namens kann davon ausgegangen werden, dass es sich um ein und dieselbe Person handelt, nämlich um jenen Abt, der auch bei der Synode von Attigny 762 die Abmachung unterzeichnete, wie oben schon erläutert[274]. Die herausragende Rolle der Memorialüberlieferung für die Geschichtsforschung zeigt sich an dieser Stelle exemplarisch, denn ohne den *Liber Viventium* wären die meisten Äbte des 9. Jahrhunderts nicht bekannt. Durch den zweiten Abt, Gibba, ergaben sich erste Hinweise auf die Beteiligung des Inselklosters Reichenau.

---

271 Das Verbrüderungsbuch der Abtei Reichenau. pag. 15; auf pag. 101 abgeschrieben.
272 Geuenich, Dieter: Die ältere Geschichte von Pfäfers im Spiegel der Mönchslisten des Liber Viventium Fabariensis. S. 244 ff.
273 Pag. 67-68.
274 Perret, Franz/Vogler, Werner: Pfäfers. S. 994.

Insgesamt trugen die Pfäferser Schreiber rund 4.500 Namen in den *Liber Viventium* ein[275], ein relativ kleiner Bestand im Vergleich zu den Codices von St. Gallen und Reichenau. Eine Anlagenkonzeption mit *Capitula* fehlt ebenfalls, die meisten Listen der verbrüderten Klöster haben nicht einmal eine Überschrift, wie an späterer Stelle noch verdeutlicht wird. Lediglich der Memorialteil, bestehend aus den Namenkolumnen, wirkt als wäre er in die Heilsgeschichte der Evangelien eingebettet[276]. Ob dies bewusst geschah oder mangels einer Alternative, in die die Namen eingetragen werden konnten, sei dahingestellt. Ein großer Teil der Seiten wurde mit anderen Aufzeichnungen gefüllt. Mehrere Schatzverzeichnisse, Bücherkataloge, Reliquienverzeichnisse, Zinsrödel, Weihenotizen, Stiftungen, Urkunden, Urbaraufzeichnungen, Tauschgeschäfte, Traditionsnotizen und ähnliches füllen zahlreiche Seiten[277]. Eintragungen mit dem Schatzverzeichnis begannen um 870/80 und wurden bis ins 12. Jahrhundert fortgeführt. Das Reliquienverzeichnis im *Liber Viventium* ist außerdem das älteste der Schweiz[278]. Ein Verbrüderungsvertrag befindet sich auf pag. 84-85 und weist zum Teil wörtliche Übereinstimmung mit dem Vertrag zwischen St. Gallen und Reichenau von 800 auf[279]. Dies unterstreicht die These, dass es

---

275 Geuenich, Dieter: Der Liber Viventium von Pfäfers als geschichtliches Dokument. S. 33.

276 Eggenberger, Christoph: Der künstlerische Schmuck des Liber Viventium von Pfäfers. S. 38.

277 Schatzverzeichnisse: pag. 2, 3, 118, 119, 143, 177, 178; Bücherkataloge: pag. 2, 3, 118, 119, 143, 171, 178; Reliquienverzeichnisse: pag. 1, 2; Zinsrödel: pag. 80, 167, 168, 169; Weihenotizen: pag. 3; Stiftungen: pag. 36, 37, 137; Urkunden: pag. 4, 29, 80, 81, 85, 86, 137, 171, 172, 173, 174, 175, 176; Urbaraufzeichnungen: pag. 39, 115, 142, 143, 176; Tauschgeschäfte: pag. 80, 84; Traditionsnotizen: pag. 45, 64, 83, 84, 114, 169, 173, 176. In: Liber Viventium Fabariensis.; Dazu z.B.: Vogler, Werner: Der Liber Viventium von Pfäfers. S. 8.; Geuenich, Dieter: Der Liber Viventium von Pfäfers als geschichtliches Dokument. S. 33f.

278 Perret, Franz: Über den Liber viventium Fabariensis. S. 105.

279 Geuenich, Dieter: Der Liber Viventium von Pfäfers als geschichtliches Dokument. S. 35.

sich bei der Abmachung zwischen dem Inselkonvent und dem Galluskloster um einen Mustervertrag handelte.

Zusammenfassend zeigt sich, dass sämtliche für Pfäfers relevanten Aufzeichnungen im *Liber Viventium* festgehalten wurden. Deshalb gab es immer wieder Kritik, inwieweit es sich überhaupt um ein Gedenkbuch handelt[280]. Aufgrund der rund 4500 Namen und den verbrüderten Kommunitäten kann allerdings sehr wohl von einem Gedenkbuch im herkömmlichen Sinn gesprochen werden. Die Graphik im Anhang verdeutlicht, dass ein großer Teil des Codex der Memoria diente[281].

5.5 Die Bedeutung der Pfäferser Verbrüderung

Überschriften wie im Reichenauer Gedenkbuch, die genauere Angaben über den Namen oder die Herkunft der verbrüderten Konvente und Personen geben, sucht man im Pfäferser *Liber Vitae* meist vergeblich. Gerade einmal dreizehn Namengruppen versahen die Mönche mit Überschriften und sechs weitere mit zusammenfassenden Bezeichnungen (z. B. Alemannen und Stammheim auf pag. 31)[282].

An erster Stelle der klösterlichen Verbrüderungen trugen die Schreiber Reichenau (pag. 21-23) ein, ein möglicher Hinweis auf besondere Beziehungen zwischen den beiden Konventen. Bei der Reichenauer Liste handelt es sich um einen etwas späteren Eintrag von 880. Schon zur Zeit des Abtes Silvanus (840-861) wurden Namenverzeichnisse der Klöster St. Gallen (pag. 38-40), Disentis (pag. 74-75), San Pietro de Civate (pag. 120), Schienen (pag. 121) und St. Johann in Taufers/Mustair (pag. 170) in den *Liber Viventium* übernommen. Insgesamt waren es folglich nur sechs Klöster. Hinzu kamen noch, ebenfalls im 9. Jahrhundert, eine Kanonikerliste aus Konstanz (pag. 30) und Kleriker aus Biasca (pag. 42). Kleinere Personen-

---

280 Perret, Franz: Über den Liber viventium Fabariensis. S. 100.
281 Grafik auf S. 116.
282 Geuenich, Dieter: Die ältere Geschichte von Pfäfers im Spiegel der Mönchslisten des Liber Viventium Fabariensis. S. 233.

gruppen aus Stammheim (pag. 31), Flums (pag. 34), Walenstadt (pag. 35) und Berschis (pag. 35) datieren dagegen nicht mehr aus dem 9. Jahrhundert. Wohltäterlisten (pag. 124-125 und 134-138) könnten der Zeit des Abtes Silvanus entstammen[283]. Einzelne weitere Nameneintragungen wie die Ludwigs des Deutschen (pag. 41), Karls III. (pag. 41) oder Konrad I. (pag. 65) finden sich ebenfalls an zahlreichen Stellen wieder.

Die oben aufgeführten Konvents- und Klerikerlisten zeigen eine sehr eingeschränkte Verbrüderung, die sich vorwiegend um den Bodenseeraum herum konzentrierte. Ihre Anordnung im *Liber Viventium* lässt weder eine geographische noch eine chronologische Ordnung erkennen[284].

---

283 Zur Datierung der Listen: Geuenich, Dieter: Die ältere Geschichte von Pfäfers im Spiegel der Mönchslisten des Liber Viventium Fabariensis. S. 235 ff.
284 Geuenich, Dieter: Die ältere Geschichte von Pfäfers im Spiegel der Mönchslisten des Liber Viventium Fabariensis. S. 234.

6 GEMEINSAMKEITEN UND UNTERSCHIEDE DER GEDENKBÜCHER DES BODENSEERAUMS

6.1 Die Verbindungen der Bodenseeklöster untereinander

Die Verbindungen der drei Abteien St. Gallen, Reichenau und Pfäfers wurde bisher immer wieder in den einzelnen Kapiteln am Rande angesprochen. Im nun folgenden soll es darum gehen, diese Beziehungen noch einmal zu spezifizieren.

Zwischen St. Gallen und Reichenau bestanden schon im 8. Jahrhundert intensive Kontakte. Allein schon durch die Personalunion in der Zeit des Abtes Johannes von Konstanz (759/60-782) wird dies deutlich, der 759/60 neben dem Bischofssitz in Konstanz auch noch die Abtwürde im Gallus- und im Inselkloster erhielt[285]. Schon unter Abt Petrus (781-786) gelang es Reichenau, wieder selbständig zu werden[286], bei St. Gallen dauerte die endgültige Loslösung vom Bistum noch bis 854[287]. Doch trotzdem blieben Kontakte zwischen den beiden Konventen bestehen, vor allem unter Abt Waldo von Reichenau (786-806) und Werdo (784-812) von St. Gallen, die den bereits erläuterten Verbrüderungsvertrag im Jahre 800 abschlossen, der dann in den folgenden Jahrhunderten mehrmals erneuert wurde[288].

Nicht zuletzt bieten die Gedenkbücher der beiden Konvente eine wichtige Quelle über die Verbindungen. Vor allem im älteren St. Galler Codex wird dies offensichtlich, da den Reichenauer Mönchen darin ein besonderer Ort und sehr viel Platz (vier Seiten) zugesichert wurde, direkt hinter den St.

---

285 Dazu z.B.: Begrich, Ursula: Reichenau. S. 1069.; vgl. Prinz, Friedrich: Frühes Mönchtum im Frankenreich. S. 172.
286 Begrich, Ursula: Reichenau. S. 1069.
287 Vogler, Werner: St. Gallen. In: Lexikon des Mittelalters, 7. Stuttgart 1987. Sp. 1153.
288 Vgl. Kapitel 2.4.

Galler Mönchen[289]. Auch wenn die Listen nicht überliefert wurden, ergibt sich ein klarer Hinweis auf die engen Kontakte der Monasterien. Im Reichenauer Gedenkbuch zeichnet sich ein ähnliches Bild ab. Direkt hinter den Mönchen des Inselklosters erhielt der St. Galler Konvent Platz[290].

Zwischen Pfäfers und Reichenau lassen sich zwar keine engeren Verbindungen mit Sicherheit nachweisen, doch sind sie sehr wahrscheinlich. Schon bei den Ausführungen über die Gründung von Pfäfers wurde die Problematik deutlich gemacht[291]. Denn eine Beteiligung der Reichenau bei der Errichtung des Klosters erscheint durch die Chronik Hermann des Lahmen wahrscheinlich, auch wenn diese erst aus dem 11. Jahrhundert stammt[292]. Die Ausführungen ergaben, dass die Behauptungen Hermanns wohl der Realität entsprechen und somit die Gründung von Pfäfers vom Inselkloster ausging[293].

Hinweise dazu gibt auch hier der *Liber Viventium* von Pfäfers. Den Reichenauer Mönchen reservierten die Schreiber direkt hinter dem Matthäus-Evangelium drei Seiten, ein möglicher Hinweis auf frühere monastische Beziehungen[294]. Warum die Pfäferser Schreiber die Namen der Reichenauer Mönche erst um 880 eintrugen, muss vorerst offen bleiben[295]. Die früheste Liste der Pfäferser Mönche, die ins Reichenauer Gedenkbuch eingetragen wurde, stammt dagegen schon aus der Zeit des Abtes Crispio

---

289 Versuch einer Rekonstruktion der St. Galler Verbrüderungsbücher des 9. Jahrhunderts, von Karl Schmid.: fol. 5^v-7^r.
290 Das Verbrüderungsbuch der Abtei Reichenau.: pag. 10-13.
291 Vgl. Kapitel 5.1.
292 Herimanni Augiensis Chronicon a. 1-1054. (= MGH Scriptorum, 5). Erstdruck: Hannover 1844. Unveränderter Neudruck: Hannover 1968. S. 67-133.
293 Hierzu z.B.: Vogler, Werner: Pfäfers. In: Lexikon des Mittelalters, 6, 1993. Sp. 1992.
294 Liber Viventium Fabariensis. Pag. 21-23.; vgl. dazu: Vogler, Werner: Der Liber Viventium von Pfäfers. S. 9.
295 Geuenich, Dieter: Die ältere Geschichte von Pfäfers im Spiegel der Mönchslisten des Liber Viventium Fabariensis. S. 240.

(800-810)[296]. Pfäfers erhielt seinen Platz im Reichenauer Codex direkt hinter den St. Galler Mönchen[297].

Zwischen St. Gallen und Pfäfers sind im 8. Jahrhundert keine Beziehungen nachweisbar[298]. Erst im 9. Jahrhundert weisen z.B. der gegenseitige Listenaustausch auf erste Verbindungen hin. Im *Liber Viventium* blieben die Listen der St. Galler Mönche auf pag. 38-40 erhalten, sie stammen aus dem letzten Viertel des 9. Jahrhunderts[299]. Pfäferser Konventslisten blieben im älteren Codex ebenfalls erhalten[300].

6.2 Zum „Charakter" der Verbrüderungsbücher

An dieser Stelle soll nun versucht werden, die charakteristischen Merkmale der Codices von St. Gallen, Reichenau und Pfäfers herauszusuchen. Im folgenden erfolgt vorerst nur eine Betrachtung der Gemeinsamkeiten.

Die Eigenart der Gedenkbücher im allgemeinen besteht gerade darin, dass keines dem anderen gleicht. Auch die Bücher an sich sind keine geschlossene Überlieferungseinheit, da sie immer wieder ergänzt und erweitert wurden. Der Begriff „Sammelcodices" erscheint daher angebracht[301]. Trotzdem zeigen sich zahlreiche Gemeinsamkeiten hinsichtlich der inhaltlichen Aspekte und der Entwicklung der Verbrüderungsbücher. Es geht im folgenden nicht darum, sämtliche übereinstimmende Details aufzulisten, sondern vielmehr größere historische Zusammenhänge kenntlich zu machen.

---

296 Perret, Franz: Über den Liber Viventium Fabariensis. S. 104.
297 Das Verbrüderungsbuch der Abtei Reichenau.: pag. 14-15.
298 Büttner, Heinrich: Zur frühen Geschichte der Abtei Pfäfers. S. 227.
299 Euw, Anton von: Liber Viventium Fabariensis: Das karolingische Memorialbuch von Pfäfers in seiner liturgie- und kunstgeschichtlichen Bedeutung. S. 14.
300 Versuch einer Rekonstruktion der St. Galler Verbrüderungsbücher des 9. Jahrhunderts, von Karl Schmid.: Älterer Codex: pag. 17, A. fol. 10^r.
301 Schmid, Karl: Zum Quellenwert der Verbrüderungsbücher von St. Gallen und Reichenau. S. 347.

Die erste Übereinstimmung besteht in der zeitlichen Entstehung der Gedenkbücher des Bodenseeraums – der ältere St. Galler Codex um 810, das Reichenauer Verbrüderungsbuch nach 823 und schließlich der *Liber Viventium* von Pfäfers, der zwar schon um 800 als Evangelistar angelegt, aber als Gedenkbuch erst ab den 830er Jahren genutzt wurde. Die Neuanlage des jüngeren St. Galler Codex erfolgte etwa 870. Zwischen 810 und 830 entstanden demnach drei der vier Gedenkbücher. Die Neuanlage in St. Gallen ist eher als Fortführung des älteren Buches zu sehen, da dieses bereits gefüllt war. Auffälligerweise fällt die Anlage der Gedenkbücher nicht in den Höhepunkt der Verbrüderungsbewegung im 8. Jahrhundert, sondern ins erste Drittel des 9. Jahrhunderts. Diese Bemerkung verwundert, da ja alle drei Klöster am Totenbund von Attigny 762 teilnahmen, wodurch sie schon früh von der Gebetsverbrüderung erfasst wurden. Die Erklärung wurde aber bereits gegeben: Aus Angst, die Gebetsverpflichtungen zu vernachlässigen und somit ihr Seelenheil zu gefährden, legten die Mönche im 9. Jahrhundert Gedenkbücher an, um die vertraglichen Vereinbarungen dadurch besser einhalten zu können[302]. Die *Visio Wettini* zeigt sehr plastisch, welche Folgen die Nichteinhaltung der Gebetsverpflichtungen nach mittelalterlicher Vorstellung haben konnte[303].

Gemein ist allen Verbrüderungsbüchern, dass sie dem liturgischen Zweck dienten, dem Gebetsgedächtnis. Deshalb besteht in formaler Hinsicht eine Gemeinsamkeit in der Aufmachung. Gerade bei den Gedenkbüchern von St. Gallen und Reichenau fällt die ähnliche Einrichtung der Pergamentblätter auf, die durch Säulen und teilweise auch Arkaden die Aufnahme von Namen ermöglichte. Diese Kolumneneinteilung wurde von den Diptychen übernommen[304]. In Pfäfers findet sich eine ebensolche Unterteilung, doch

---

302 Vgl. Kapitel 2.3; dazu auch: Schmid, Karl: Mönchtum und Verbrüderung. S. 139 f.

303 Heitonis Visio Vettini, ed. Ernest Dümmler (= MGH Poetae latini aevi carolini, 2). Berlin 1964. S. 267-275.

304 Autenrieth, Johanne: Die Verbrüderungsbücher der Bodenseeklöster in paläographisch-kodikologischer Sicht. In: Schmid, Karl/Wollasch, Joachim (Hrsg.): Memoria. Der geschichtliche Zeugniswert des liturgischen Gedenkens im Mittelalter. München 1984 (= Münstersche Mittelalter-Schriften, 48). S. 604.

waren dort die Reihen wahrscheinlich erst zur Aufnahme von Kanontafeln und nicht von Namen gedacht[305]. Ansonsten überwiegen bei der Gestaltung der Bücher die Unterschiede und nicht die Gemeinsamkeiten. Diese werden unten noch ausführlicher erwähnt.

Auch beim Inhalt der Gedenkbücher offenbaren sich zahlreiche Übereinstimmungen. Oberflächlich betrachtet, sind es natürlich die vielen Namenlisten der verbrüderten Kommunitäten, die Namen der Laien, seien es Wohltäter, Stifter, Könige, Adlige oder sonstige Gruppierungen. Eine genauere Analyse verweist auf Übereinstimmungen in der strukturellen Veränderung innerhalb der Codices, d. h. die Abkehr von der klösterlichen Verbrüderung hin zum Laiengedenken. Das Reichenauer Gedenkbuch offenbart dies besonders gut. Im Anlageteil befinden sich auf pag. 3 die *Capitula*, die insgesamt 52 Klöster und drei Domkapitel verzeichnen. Der Schwerpunkt lag vorwiegend auf der klösterlichen Gebetsverbrüderung, das Laiengedenken wurde ebenfalls berücksichtigt, wie die vielen *amici* des Klosters zeigen, hatte aber noch keinen herausragenden Stellenwert. Im Verlaufe des 9. Jahrhunderts versiegte die Klosterverbrüderung fast völlig, die Gründe, wie vor allen Dingen der Zerfall des Frankenreiches und der damit verbundene Niedergang der Klöster, wurden schon angeführt. Zwischen dem Zerfall des Karolingerreiches und dem Abebben der Verbrüderungsbewegung der Monasterien bestand ein kausaler Zusammenhang[306].

Der Zerfall, die Hungerkatastrophen und Einfälle brachten ein erhöhtes Bedürfnis nach Gebetshilfe mit sich, was sich in dem drastisch zunehmenden Laiengedenken widerspiegelte. Die Auswirkungen sind überall in den Gedenkbüchern sichtbar, denn es kamen kaum neue monastische Verbrüderungen hinzu, noch wurden bestehende Listen aktualisiert. Dies sieht man besonders deutlich am jüngeren St. Galler Codex, in dem das Laiengedenken den größten Platz einnahm und nur noch einige wenige vorwiegend

---

305 Perret, Franz: Über den Liber Viventium Fabariensis. S. 99.; vgl. Geuenich, Dieter: Der Liber Viventium von Pfäfers als geschichtliches Dokument. S. 32.

306 Z.B.: Schmid, Karl/Wollasch, Joachim: Die Gemeinschaft der Lebenden und Verstorbenen in Zeugnissen des Mittelalters. S. 388.

sächsische Konvente in die Gebetsverbrüderung aufgenommen wurden[307]. Die für die Laien freigelassenen Seiten waren schnell gefüllt und danach blieb nur noch die Möglichkeit, die Ränder bereits beschriebener Namenkolumnen zu nutzen. Die Eintragung erfolgte meist in Gruppen. Das Ordnungsprinzip, getrennt nach Männern und Frauen, musste aufgrund der immer größer werdenden Namenmassen wieder aufgegeben werden, wodurch Einträge jüngeren Datums gemischt sind[308]. Die einst geordneten Bücher gerieten mehr und mehr durcheinander. Pag. 98 des Reichenauer Codex im Anhang veranschaulicht, wie verschiedene Schreiberhände die Seiten der *Nomina amicorum* nach und nach überfüllten, die Kolumnen wurden immer weiter durchbrochen und schließlich auch der linke Rand beschrieben. Im 10. Jahrhundert waren dann auch die Seiten für die lebenden Freunde gefüllt, weshalb andere Stellen im Reichenauer Verbrüderungsbuch vollgeschrieben werden mussten[309].

Der Strukturwandel des Gedenkwesens im Verlaufe des 9. und im 10. Jahrhundert ist offenkundig. Nach der Synode von Attigny herrschte die Gebetsverbrüderung vor, im späteren 9. und beginnenden 10. Jahrhundert vorwiegend die laikale Verbrüderung. Doch auch innerhalb der Laienverbrüderung kam es im 10. Jahrhundert zu einer Schwerpunktverlagerung, adlige Gruppeneinträge kennzeichnen diese Zeit[310]. Diese Entwicklungslinien lassen sich in allen vier Gedenkbüchern des Bodenseeraums anhand der Eintragungen nachweisen.

Im 10. Jahrhundert setzte sich dann allmählich das Totengedenken durch[311]. Das kalendarische Verstorbenengedenken, d.h. das auf Dauer gestiftete Jahresgedenken, verdrängte die pauschale Memoria. Necrologien

---

307 Vgl.: Kapitel 3.4.1.
308 Schmid, Karl: Zum Quellenwert der Verbrüderungsbücher von St. Gallen und Reichenau. S. 353.
309 Schmid, Karl: Zum Quellenwert der Verbrüderungsbücher von St. Gallen und Reichenau. S. 354.
310 Schmid, Karl/Wollasch, Joachim: Die Gemeinschaft der Lebenden und Verstorbenen in Zeugnissen des Mittelalters. S. 52.
311 Hierzu z.B.: Schmid, Karl: Mönchtum und Verbrüderung. S. 146.

ersetzten von da an die Gedenkbücher. Die Codices von St. Gallen und Reichenau gingen dadurch in ihrer Bedeutung stark zurück. Der *Liber Viventium* dagegen blieb bis ins 12. Jahrhundert hinein ein aktuelles Buch[312] – hier zeigt sich ein erster Unterschied. Dies liegt vorwiegend daran, dass im Pfäferser Buch neben den Namenlisten auch andere für den Konvent wichtige Dinge eingeschrieben waren, wie beispielsweise die Evangelienauszüge, Schatzverzeichnisse, usw. Aber auch im *Liber Viventium* versiegten die Memorialeinträge allmählich.

6.3 Wesentliche Unterschiede

Bereits bei der Anzahl der eingeschriebenen Namen fallen gravierende Unterschiede auf. Reichenau bildet mit seinen 38.232 Namen[313] mit Abstand das größte Werk der Memorialüberlieferung. Die beiden St. Galler Codices ergeben zusammen gerade einmal rund 15.000 Namen[314], und Pfäfers enthält nur knapp 4.500[315]. Der Pfäferser Verbrüderung kam, rein von der Menge der Einträge her gesehen, eine wesentlich geringere Bedeutung zu.

Auch der formale Aufbau der Gedenkbücher geht ähnlich weit auseinander. Wenn man von der Kolumneneinteilung als Ordnungsprinzip einmal absieht, fällt es schwer, zwischen den einzelnen Memorialbüchern Parallelen zu finden. Dem Reichenauer Codex geht in seinem Grundbestand ein klar strukturiertes Inhaltsverzeichnis voran, das in den einzelnen *Capitula* meist eine geographische Anordnung verfolgt[316]. Die erste Position nimmt das Inselkloster selbst ein, Nummer zwei bis fünfzig belegen verbrüderte Kommunitäten, und die letzten drei Positionen enthalten Domkapitel. In

---

312 Euw, Anton von: Liber Viventium Fabariensis: Das karolingische Memorialbuch von Pfäfers in seiner liturgie- und kunstgeschichtlichen Bedeutung. S. 12.
313 Geuenich, Dieter: Die Namen des Verbrüderungsbuches. S. 42.
314 Schmid, Karl: Zur historischen Relevanz des ältesten Eintrags im St. Galler Verbrüderungsbuch. S. 482.
315 Geuenich, Dieter: Der Liber Viventium von Pfäfers als geschichtliches Dokument. S. 33.
316 Vgl.: Kapitel 4.4.

St. Gallen dagegen kann keine solche Ordnung festgestellt werden. Der schlechte Überlieferungszustand lässt nur unzureichende Schlussfolgerungen darüber zu[317]. In Pfäfers füllten die Schreiber den *Liber Viventium* relativ unregelmäßig, gerade dort kann überhaupt keine Anlagekonzeption festgestellt werden. Auf die klare strukturelle Gliederung im Reichenauer Codex verweisen auch noch die Überschriften der einzelnen Namenlisten. In St. Gallen und Pfäfers fehlen diese dagegen an vielen Stellen, was die Identifizierung der Listen besonders erschwert.

Aufgrund der großen Personenanzahl im Reichenauer Gedenkbuch ist es naheliegend, dass in diesem die meisten verbrüderten Kommunitäten zu finden sind, die sich auf das gesamte Frankenreich erstreckten. Im Westen reichten die Beziehungen bis ins Pariser Becken und dem Unterlauf der Seine, weiter nach Süden über Burgund nach Italien und schließlich in die östlichen Gebiete über das Elsass nach Bayern und Alemannien, wobei der Schwerpunkt eindeutig im alemannisch-rätischen und elsässischen Raum lag[318]. Die Gebetsvereinbarungen in den St. Galler Codices sind neben dem Reichenauer Gedenkbuch die am weitesten reichenden, jedoch trotzdem wesentlich regionaler[319]. Abgesehen von den westfränkischen Klöstern in Tours und Langres, die mit St. Gallen Gebetsbünde abschlossen, beschränken sich die restlichen Klöster auf den Bodenseeraum und die umliegenden Gebiete. Die Pfäferser Klosterverbrüderung umfasste gerade einmal sechs Klöster, die alle um den Bodensee herum lagen[320].

Wesentliche Unterschiede zwischen den Gedenkbüchern zeigen sich ebenso bei der Anlagenkonzeption. Das Reichenauer Gedenkbuch entstand in

---

317 Autenrieth, Johanne: Die Verbrüderungsbücher der Bodenseeklöster in paläographisch-kodikologischer Sicht. S. 604.
318 Schmid, Karl/Wollasch, Joachim: Die Gemeinschaft der Lebenden und Verstorbenen in Zeugnissen des Mittelalters. S. 374.
319 Schmid, Karl: Das ältere und das neu entdeckte jüngere St. Galler Verbrüderungsbuch. S. 19.
320 Die mit St. Gallen, Reichenau und Pfäfers verbrüderten Kommunitäten wurden bereits in den einzelnen Kapiteln angeführt und werden deshalb an dieser Stelle nicht noch einmal einzeln aufgelistet.

einem Krisenjahr, um die Gebetshilfe zu gewährleisten und zu intensivieren. Deshalb handelt es sich um ein reines Verbrüderungsbuch. Erst in späterer Zeit schrieben die Reichenauer Mönche die oben erläuterte Professliste hinzu. Da die St. Galler Gedenkbücher nur fragmentarisch überliefert sind, kann nur vermutet werden, dass sie ebenfalls als reine Verbrüderungsbücher konzipiert waren. Dies ist allerdings sehr wahrscheinlich[321]. Ganz im Gegensatz dazu steht der *Liber Viventium* von Pfäfers. Als Evangeliar um 800 angelegt, kamen erst rund 30 Jahre später die Namen der Wohltäter, Stifter, verbrüderten Monasterien etc. hinzu. Die Wiedergabe der Namen erfolgte in Verbindung mit liturgischen Texten[322]. Gerade der Pfäferser Codex enthält auch noch sämtliche für den Konvent relevanten Dokumente, wie Urkunden, Verzeichnisse, Notizen und ähnliches. Das Buch von Pfäfers ist folglich als Mischcodex und nicht als reines Gedenkbuch aufzufassen[323]. Im letzten Viertel des 11. Jahrhundert legten die Mönche von Pfäfers ein weiteres Buch an, den *Liber Aureus*[324], in das von da an bis ins 17. und 18. Jahrhundert hinein alle wichtigen Aufzeichnungen eingetragen wurden. Der Codex führte den *Liber Viventium* fort[325].

Die Neuanlage des jüngeren St. Galler Gedenkbuches bleibt als der letzte große Unterschied zwischen den Verbrüderungsbüchern des Bodenseeraums festzuhalten. Dass in St. Gallen mit der Neuanlage eines zweiten Buches begonnen wurde, während das alte erhalten blieb, ist außergewöhnlich[326]. Die potentiellen Gründe dafür wurden bereits angeführt. Die Entstehung fällt in die Zeit des Strukturwandels des Gedenkwesens hin zum

---

321 Autenrieth, Johanne: Die Verbrüderungsbücher der Bodenseeklöster in paläographisch-kodikologischer Sicht. S. 609.
322 Schmid, Karl: Zum Quellenwert der Verbrüderungsbücher von St. Gallen und Reichenau. S. 348.
323 Dazu z.B.: Schmid, Karl: Zum Quellenwert der Verbrüderungsbücher von St. Gallen und Reichenau. S. 347 ff.
324 Liber Aureus. Faksimile Edition, hg. von Werner Vogler. Graz 1993.
325 Euw, Anton von: Liber Viventium Fabariensis: Das karolingische Memorialbuch von Pfäfers in seiner liturgie- und kunstgeschichtlichen Bedeutung. S. 11.
326 Schmid, Karl: Zum Quellenwert der Verbrüderungsbücher von St. Gallen und Reichenau. S. 352.

Laiengedenken zum Ende des 9. Jahrhunderts. Im Inselkloster Reichenau schuf man deshalb im Verbrüderungsbuch Platz, indem man für Konvente freigelassene Seiten mit Laiennamen füllte, im Pfäfers war sowie noch genug Platz im *Liber Viventium* vorhanden. Eine so kostenaufwendige Investition, ein neues Gedenkbuch anzulegen, betrieb wohl nur das Galluskloster.

Bei der Reproduktion der oben aufgeführten Gemeinsamkeiten und Unterschiede zwischen den Gedenkbüchern fällt auf, dass es überwiegend mehr Differenzen als Übereinstimmungen gab. Aber genau der Umstand der Einzigartigkeit eines jeden Codex ist das charakteristische Merkmal dieser Quellengattung.

7 ABSCHLIESSENDE BETRACHTUNGEN

7.1 Das Mittelalter als das „porträtlose Jahrtausend"

Den Begriff des „porträtlosen Jahrtausends" als Bezeichnung für die Epoche von Konstantin den Großen bis ins 14. Jahrhundert verwendete G. Tellenbach in einer Universitätsrede in Freiburg[327]. Es gibt wohl kaum eine bessere Möglichkeit, die Problematik des Mittelalters hinsichtlich der Erforschung von Personen zu charakterisieren.

Die Metapher passt deshalb so gut, da im Mittelalter kaum Personenverzeichnisse existierten, die über die wichtigsten Daten der Menschen Auskunft geben, wie z.B. die Geburt, Taufe oder Heirat. Doch die Personenforschung hat gerade im Bereich der politischen Geschichte und Verfassungsgeschichte einen hohen Stellenwert. Durch die Personengeschichte wurde beispielsweise festgestellt, dass die meisten Großen im Frankenreich mit den Karolingern verwandt oder verschwägert waren[328]. Da individuelle Angaben fehlen, muss die Erforschung der mittelalterlichen Menschen vorwiegend durch die Erforschung von Personengruppen erfolgen. Gerade Gedenkbücher als Verzeichnisse, in denen sich vorwiegend Namengruppen befinden, bieten sich demnach besonders für die Personenforschung an. Denn dort sind nicht nur die Listen der Konvente aufgeführt, sondern auch zahlreiche Laieneinträge der Großen des Frankenreichs und ihrer Verwalter und Angehörigen. Der früheste Eintrag im *Liber Viventium* auf pag. 24 von Pfäfers zeigte dieses exemplarisch[329]: In der ersten Kolumne listeten die

---

327 Tellenbach, Gerd: Zur Bedeutung der Personenforschung für die Erkenntnis des frühen Mittelalters. Freiburg im Breisgau 1957 (= Freiburger Universitätsreden 25). S. 6.; dazu auch: Schmid, Karl/Wollasch, Joachim: Societas et Fraternitas. S. 1 f.
328 Tellenbach, Gerd: Zur Bedeutung der Personenforschung für die Erkenntnis des frühen Mittelalters. S. 10.
329 Liber Viventium Fabariensis. Pag. 24-25; vgl. Kapitel 5.2.

Schreiber die karolingischen Herrscher selbst auf, gefolgt von den alemannischen Verwaltern, in die zweite schrieben sie die Ehefrauen der Grafen und in die dritte Kolumne die Bischöfe. Gerade dieser Eintrag bietet die Möglichkeit, die politischen Verhältnisse im alemannischen Raum um 830 kenntlich zu machen. An dieser Stelle zeigt sich ein erster Hinweis auf den Quellenwert der Gedenkbücher im allgemeinen.

Problematisch wird die Erforschung der Personengruppen allerdings durch den Umstand, dass bis ins 11. Jahrhundert die Einnamigkeit vorherrschte. Da die frühmittelalterlichen Schreiber relativ sorglos mit den Namen umgingen, und es regional unterschiedliche Schreibweisen gab, erschwert dies die Arbeit der Historiker. Schon bei der Edition eines Verbrüderungsbuches kann dies zu Schwierigkeiten führen, wie im folgenden zu zeigen sein wird.

7.2 Probleme bei der Edierung der Gedenkbücher

Inwieweit die Edition eines Gedenkbuches mit Problemen behaftet sein kann, offenbarte die Bearbeitung der Codices von St. Gallen, Reichenau und Pfäfers von P. Piper. Dieser bemerkte nicht, dass es sich bei den St. Galler Pergamentblättern um zwei einst völlig unabhängige, aber in späterer Zeit zusammengebundene Bücher handelte. Dementsprechend falsch war ein Großteil seiner Schlussfolgerungen über die St. Galler Verbrüderungen.

Bei der Anlage des Registers wählte P. Piper eine alphabetische Reihenfolge. Die regionalen Unterschiede bei der Schreibung der Namen, die zeitlichen Differenzen und natürlich auch zahlreiche Schreibfehler der Mönche bei der Abschrift der eingesandten Listen machen einen alphabetischen Index weitestgehend unbrauchbar. Durch die zahlreichen Namenvarianten wird die Suche nach einer bestimmenden Person für den Benutzer nur unnötig erschwert[330]. Die Einteilung der Namen nach Lemmata, d.h. die

---

330 Geuenich, Dieter: Die Namen des Verbrüderungsbuches. Ihre Aufnahme, Lemmatisierung und Wiedergabe in den Registern. S. 45 f.

Kennzeichnung aller namenkundlich gleichen Namen unter einem Stichwort, erscheint als die einzig sinnvolle Registrierung. Nur so können sämtliche Varianten eines Namens schnell gefunden werden, denn das Lemmaverzeichnis ist ebenfalls alphabetisch aufgebaut. Gerade bei der Neuedition des Reichenauer Verbrüderungsbuches war die Lemmatisierung vorteilhaft. Sie ermöglicht bei den 38.232 Namen, die in 1508 Lemmata mit 6021 Varianten untergebracht werden konnten, die schnellste Suchmethode[331].

Doch auch bei diesem Einteilungsverfahren ergeben sich zahlreiche Schwierigkeiten. Dazu sollten zwei Beispiele genügen. Die Einträge *abba*, *monachus* oder *clericus* konnten im Mittelalter sowohl Namen als auch Standesbezeichnungen sein. Ein ähnliches Phänomen besteht bei den Abkürzungen der Namen. Der abgekürzte Eintrag *Cozrà* lässt sich mit *Cozrammus* oder *Cozramnus* auflösen, beide Möglichkeiten existieren[332]. Um Fehler bei der Bestimmung von Standes- oder Nameneinträgen zu vermeiden, wurden z.B. bei dem Reichenauer Gedenkbuch weitere Register angelegt. Zu dem Lemmaverzeichnis kamen ein alphabetischer Index und ein Amts- und Standesregister hinzu, abgesehen davon ein Ortregister und ein Nachweis der Texte, die nicht zu den Verbrüderungen gehören, wie Professformeln, Verträge, etc. All diese Verzeichnisse zusammen bieten optimale Suchmöglichkeiten.

Bei der Gestaltung der Gedenkbücher beging P. Piper ebenfalls einen gravierenden Fehler, denn er versuchte die Namenreihen abzudrucken, anstatt sie zu kopieren. Da jedoch zwischen die ursprünglichen Eintragungen immer wieder Nachträge geschrieben wurden, lassen sich bei der Edition Pipers die einzelnen Schreiberhände nicht mehr feststellen, und somit kann das Alter der Einträge nicht mehr bestimmt werden. Doch gerade die Identifizierung der Autoren dient der Datierung der Einträge[333]. Deshalb sind

---

331 Geuenich, Dieter: Die Namen des Verbrüderungsbuches. Ihre Aufnahme, Lemmatisierung und Wiedergabe in den Registern. S. 49.
332 Geuenich, Dieter: Die Namen des Verbrüderungsbuches. Ihre Aufnahme, Lemmatisierung und Wiedergabe in den Registern. S. 43 f.; Beispiel der Edition Pipers im Anhang auf S. 116.
333 Tellenbach, Gerd: Liturgische Gedenkbücher als historische Quellen. S. 428.

die Neuausgaben der Gedenkbücher von St. Gallen, Reichenau und Pfäfers als Faksimileausgabe erschienen. Der Reichenauer Codex enthält zusätzlich eine quellenkritische Edition und die oben erwähnten Register. Nur so können die einzelnen Namen den Schreibern zugeordnet und das Jahr bestimmt werden.

Der schlechte Überlieferungszustand vor allem der St. Galler Gedenkbücher, aber auch des Reichenauer Verbrüderungsbuches, stellt weitere Probleme dar. Die Rekonstruktion der siebten Lage des Codex des Inselklosters gelang J. Autenrieth vorwiegend durch die charakteristische Unregelmäßigkeiten der Linienführung[334]. Außerdem musste gerade in den durcheinandergeratenen Pergamentblättern der St. Galler Verbrüderungsbücher nach Personengruppen gesucht werden. Drei Kriterien waren dabei hilfreich: erstens die äußere Erscheinung, zweitens das Namengut und die Schreibung selbst und schließlich die Zusätze, wie z. B. Titel[335].

Bei der Edierung ist interdisziplinäres Arbeiten besonders notwendig, innerhalb der Geschichtswissenschaften und genauso mit anderen benachbarten Fachbereichen wie der Germanistik oder der Romanistik. Im älteren St. Galler Gedenkbuch z. B. gelang die Bestimmung des ältesten Eintrags vorwiegend durch die paläographische Analyse. Die drei Teileinträge auf pag. 6, 7 und 8, jeweils in der linken Kolumne unter der ersten Arkade, bilden eine Einheit[336]. Auf pag. 6 finden sich zwölf Karolingereinträge wieder, auf pag. 7 zwölf Namen von Aristokraten und auf pag. 8. neunundfünfzig Namen, hauptsächlich von Grafen, die während des 8. und 9. Jahrhunderts in Alemannien tätig waren. Übereinstimmungen im Schriftbild führten zu der Erkenntnis, dass die Eintragungen zusammengehören.

---

334 Autenrieth, Johanne: Beschreibung des Codex. S. 20.
335 Schmid, Karl: Auf dem Weg zur Wiederentdeckung der alten Ordnung des Sankt Galler Verbrüderungsbuches über eine Strassburger Namengruppe. S. 217.
336 Versuch einer Rekonstruktion der St. Galler Verbrüderungsbücher des 9. Jahrhunderts, von Karl Schmid. Pag. 6 = A. fol. 12^v; pag. 7 = A. fol. 13^r; pag. 8 = A. fol. 13^v.; dazu: Wollasch, Joachim: Zu den Anfängen liturgischen Gedenkens an Personen und Personengruppen in den Bodenseeklöstern. S. 66.

7.3 Zum Quellenwert der Verbrüderungsbücher

Die Gedenkbücher wurden als Quelle bis in die 1980er Jahre hinein kaum genutzt[337]. Und das, obwohl sie weitreichende Möglichkeiten in zahlreichen Bereichen der Geschichtswissenschaft bieten. Im Bereich der politischen Geschichte klang dies bereits an. Aufgrund des geringen Interesses wurde zumindest bis in die 1980er Jahre hinein ein großer Teil der Namen noch nicht ausgewertet[338].

Die Erschließung der Verbrüderungsbücher muss aufgrund der oben gemachten Ausführungen meistens in Form von Personengruppen erfolgen. Die Forschungsmöglichkeiten sind vielfältig, das Spektrum reicht, von den Angehörigen eines Herrscherhauses angefangen, über Laien in Verwandtschaftsgruppen, Listen von Amtsträgern und Konventslisten bis hin zu Äbtereihen. An dieser Stelle zeigt sich eine Differenz zu anderen Memorialquellen wie den Necrologien, die aufgrund des Kalenderprinzips nach Todestag keine Erforschung von Gruppen zulassen.

Einige Beispiele sollten abschließend genügen, um einen kleinen Bereich der zahlreichen Forschungsmöglichkeiten zu zeigen. Der innere Strukturwandel des Gedenkwesens von der klösterlichen Verbrüderung hin zum Laiengedenken und dann zum Totengedenken in den Necrologien klang an mehreren Stellen immer wieder an und muss deshalb nicht noch einmal erwähnt werden. Vielmehr erscheint es sinnvoller, auf weitere Bereiche des Quellenwertes einzugehen. Bei der Erforschung der Memorialquellen standen die Gedenkbücher von St. Gallen und Reichenau im Mittelpunkt der Betrachtungen. Im älteren St. Galler Codex befindet sich auf pag. 6,7 und 8 der im vorhergehenden Kapitel erläuterte älteste Eintrag[339]. In der Reihe der Karolingereinträge befinden sich auch die Namen *bernhard filius pip-*

---

337 Schmid, Karl: Zum Quellenwert der Verbrüderungsbücher von St. Gallen und Reichenau. S. 346.
338 Tellenbach, Gerd: Liturgische Gedenkbücher als historische Quellen. S. 427.
339 Versuch einer Rekonstruktion der St. Galler Verbrüderungsbücher des 9. Jahrhunderts, von Karl Schmid. Pag. 6 = A. fol. 12^v; pag. 7 = A. fol. 13^r; pag. 8 = A. fol. 13^v.

pini, also Pippin (781-810), Sohn Karls des Großen und dessen Sohn Bernhard. Dieser Eintrag ist die „Schlüsselfigur" der ersten Einträge. Bernhard sollte nämlich König von Italien und das Bodenseegebiet daran angebunden werden[340]. Anhand dieses Beispiels wird die übergeordnete Dimension der Gedenkbücher ansatzweise deutlich, denn politische Prozesse spiegeln sich zum Teil darin wider. Eine weitere Eintragung im jüngeren St. Galler Codex auf pag. 86 (= B. fol. 7^r) stammt aus der Zeit Heinrich I., wohl aus dem Jahre 932[341]. Dabei handelt es sich um die Ahnen der ottonischen Familie, also um Heinrichs direkte Vorfahren. So können Verwandtschaftsbeziehungen aufgedeckt und analysiert werden. Des weiteren deutet die Namengruppe auf die Umsetzung der Beschlüsse der Synoden von Erfurt und Dingolfing, die u.a. solche Eintragungen vorsahen[342]. Die Intensivierung des laikalen Gebetsgedenkens in einer Krisenzeit, denn nichts anderes war die Regierungszeit Heinrichs I., veranschaulicht dieses Beispiel[343]. Gerade im späten 9. und 10. Jahrhundert, einer relativ urkundenarmen Zeit, sind solche Hinweise besonders wichtig[344].

Das Reichenauer Verbrüderungsbuch bietet aufgrund seiner Größe und der umfangreichen Verbrüderungen weitere Möglichkeiten zur Erforschung. Neben den üblichen Bereichen der Schriftgeschichte, Namenkunde, Personenforschung und der Untersuchung der Mönchsgemeinschaften können durch den Codex auch Schlussfolgerungen über die Weite der Gebetsbeziehungen gezogen werden. Nicht nur Geistliche und Laien aus dem Frankenreich versuchten, in das Gedenkbuch aufgenommen zu werden, sondern auch Pilgergruppen anderer Länder. Rund 700 Namen skandinavischer Pil-

---

340 Wollasch, Joachim: Zu den Anfängen liturgischen Gedenkens an Personen und Personengruppen in den Bodenseeklöstern. S. 66.
341 Althoff, Gerd: Zur Verschriftlichung von Memoria in Krisenzeiten. S. 70.
342 Concilium Erfordia, hg. von Ernst-Dieter Hehl (= MGH Concilia aevi Saxoni 1). Hannover 1987. S. 97-115.; Concilium Dingolfingense, hg. von Ernst-Dieter Hehl (= MGH Concilia aevi Saxoni 1). Hannover 1987. 116-123.
343 Althoff, Gerd: Zur Verschriftlichung von Memoria in Krisenzeiten. S. 73.
344 Tellenbach, Gerd: Liturgische Gedenkbücher als historische Quellen. S. 429.

ger[345] sind ein Indiz für das grenzübergreifende Interesse an der Gebetshilfe, ebenso vereinzelte Namen slawischer Herkunft[346], die Patriarchen Basilius von Jerusalem und Christopherus von Alexandrien[347], oder der ungarische König Stephan (997-1038) mit seiner Ehefrau Gisela[348], die nur ein Ausschnitt der weitreichenden Beziehungen des Klosters sind[349].

Für die Erforschung der Abtei Pfäfers hat der *Liber Viventium* einen herausragenden Stellenwert. Er ist die wichtigste Quelle zur frühen Geschichte des Klosters[350]. Die Frühgeschichte ließ sich vor allem durch die Methode des Listenvergleichs erhellen. In Pfäfers wurden durch die Crespio und die Silvanus-Liste zwei wahrscheinlich direkt aufeinanderfolgende Listen überliefert[351]. Diese lassen Schlussfolgerungen über die Blütezeit des Konvents unter Abt Silvanus zu und geben ein relativ geschlossenes Bild über den Konvent, die Lebenserwartung der Konventualen etc. Ohne die beiden Listen gäbe es darüber kaum Informationen.

Zu vergessen ist allerdings nicht der richtige Umgang mit den Quellen der Memorialüberlieferung. U. Ludwig machte im Zusammenhang mit den Gedenkaufzeichnungen des Klosters Murbach auf die Problematik dieser Quellengattung aufmerksam[352]. Denn es besteht die Notwendigkeit einer umfassenden Quellenkritik vor allem bei Kompilationslisten, d.h. Listen, die „durch nachträgliche Zusammenfügung ursprünglich getrennt erstellter

---

345   Das Verbrüderungsbuch der Abtei Reichenau. Einleitung, Register Faksimile, hg. von Johanne Autenrieth, Dieter Geuenich und Karl Schmid. Pag. 4, 8, 19, 20, 22, 44, 94, 136, 138, 150, 150-152, 156, 159-162.
346   Pag. 20 B2-3, 63 B4, 64 X3-4, 104 X 4-5.
347   Pag. 103 C1-2.
348   Pag. 158 C3-D3.
349   Dazu auch: Geuenich, Dieter: Die Namen des Verbrüderungsbuches. S. 59f.
350   Geuenich, Dieter: Der Liber Viventium von Pfäfers als geschichtliches Dokument. S. 32.
351   Geuenich, Dieter: Die ältere Geschichte von Pfäfers im Spiegel der Mönchslisten des Liber Viventium Fabariensis. S. 249.; vgl. Kapitel 5.4.
352   Ludwig, Uwe: Murbacher Gedenkaufzeichnungen in der Karolingerzeit. In: Alemannisches Jahrbuch 1991/92. S. 221-299.

Namenreihen" entstanden [353]. Um diese richtig interpretieren zu können, müssen zunächst die Zusammensetzung, die einzelnen Bestandteile und die Redaktionszeitpunkte geklärt werden.

Die oben gegebenen Beispiele zeigen nur einen kleinen Ausschnitt der Vielseitigkeit der Memorialquellen, die in fast allen Bereichen der Geschichtswissenschaft eingesetzt werden können. Die Quellen sind aber auch für die angrenzenden Forschungsbereiche wie die Kunstgeschichte, gerade beim *Liber Viventium* von Pfäfers, die Germanistik oder Romanistik von Interesse und erfordern an vielen Stellen interdisziplinäres Zusammenarbeiten.

---

[353] Ludwig, Uwe: Murbacher Gedenkaufzeichnungen in der Karolingerzeit. S. 225f.

Abkürzungsverzeichnis

AT	=	Altes Testament
Bd.	=	Band
hg.	=	herausgegeben
Hrsg.	=	Herausgeber
NT	=	Neues Testament
MGH	=	Monumenta Germaniae Historica
pag.	=	pagina
fol.	=	Folio

QUELLEN- UND LITERATURVERZEICHNIS

1. Quellen

Annales Fuldenses sive annales regni Francorum orientalis, hg. von Friedrich Kurze (= MGH Scriptores Rerum Germanicarum in usum scholarum separatim editi, 7). Erstdruck: Hannover 1891. Unveränderter Nachdruck: Hannover 1978.

Annales Regni Francorum. Inde ab a. 741, usque ad a. 829, hg. von Friedrich Kurze (= MGH Scriptores Rerum Germanicarum in usum scholarum, 6). Erstdruck: Hannover 1895. Unveränderter Nachdruck: Hannover 1950.

Briefe des Bonifatius. Wilibalds Leben des Bonifatius, hg. von Rheinhold Rau (= Ausgewählte Quellen zur deutschen Geschichte des Mittelalters. Freiherr vom Stein-Gedächtnisausgabe, 4b). Darmstadt 1968.

Capitularia regum Francorum, hg. Alfred Boretius (= MGH Capitualria regum Francorum, 1). Erstdruck: Hannover 1883. Unveränderter Nachdruck: Hannover 1984.

Concilium Aquisgranense 816, hg. von Albert Werminghoff (= MGH Concilia Aevi Carolini, 2,1). Erstdruck: Hannover 1906. Unveränderter Nachdruck: Hannover 1979. S. 307-464.

Concilium Aquisgranense 817, hg. von Albert Werminghoff (= MGH Concilia Aevi Carolini, 2,1). Erstdruck: Hannover 1906. Unveränderter Nachdruck: Hannover 1979. S. 464-466.

Concilium Aquisgranense 819, hg. von Albert Werminghoff (= MGH Concilia Aevi Carolini, 2,2). Erstdruck: Hannover 1908. Unveränderter Nachdruck: Hannover 1979. S. 467-468.

Concilium Attiniacense, hg. von Alber Werminghoff (= MGH Concilia aevi Karolini 1, 1). Erstdruck: Hannover 1906. Unveränderter Nachdruck: Hannover 1979. S. 72-73.

Concilium Dingolfingense, hg. von Albert Werminghoff (= MGH Concilia aevi Karolini 1, 1). Erstdruck: Hannover 1906. Unveränderter Nachdruck: Hannover 1979. S. 93-97.

Concilium Dingolfingense, hg. von Ernst-Dieter Hehl (= MGH Concilia aevi Saxoni 1). Hannover 1987. 116-123.

Concilium Erfordia, hg. von Ernst-Dieter Hehl (= MGH Concilia aevi Saxoni 1). Hannover 1987. S. 97-115.

Das Professbuch der Abtei St. Gallen, hg. von Paul M. Krieg Augsburg 1931.

Das St. Gallische Verbrüderungsbuch und das St. Gallische Buch der Gelübde, hg. von Emil Arbenz. In: MVG, Neue Folge, 19. St. Gallen 1884. S. 1-194.

Das Verbrüderungsbuch der Abtei Reichenau. Einleitung, Register Faksimile, hg. von Johanne Autenrieth, Dieter Geuenich und Karl Schmid (= MGH Libri Memoriales et Necrologia. Nova Series, 1). Hannover 1979.

Das Verbrüderungsbuch von St. Peter in Salzburg. Faksimile Ausgabe, hg. von Forstner, Karl. Graz 1974.

Der Liber Vitae der Abtei Corvey. Faksimile Ausgabe. Bd. 1, hg. von Karl Schmid. Wiesbaden 1983 (= Westfälische Gedenkbücher und Necrologien).

Der Memorial- und Literaturcodex von San Salvatore, San Giulia in Brescia, hg. von Dieter Geuenich (= MGH Libri Memoriales et necrologia, Nova Series, 4). Hannover 2000.

Der Text der Reichenauer Gründungsurkunden, hg. von Ingrid Heidrich. In: Classen, Peter: Die Gründungsurkunden der Reichenau (= Vorträge und Forschungen, 24). Sigmaringen 1977. S. 81-88.

Die Benedictus-Regel. Lateinisch-deutsch, hg. von Basilius Seidle. Beuron 1975².

Die Bibel. Altes und Neues Testament. Einheitsübersetzung. Freiburg im Breisgau 1980.

Die Gründungsurkunde der Abtei Reichenau, hg. von Karl Brandi. In: Beyerle, Konrad: Die Kultur der Abtei Reichenau. Erinnerungsschrift zur zwölfhundertsten Wiederkehr des Gründungsjahres des Inselklosters 724-1924. Bd. 2. Neudruck der Ausgabe München 1925. Aalen 1970. S. 17.

Heitonis Visio Vettini, hg. von Ernest Dümmler (= MGH Poetae latini aevi carolini, 2). Berlin 1964. S. 267-275.

Herimanni Augiensis Chronicon a. 1-1054, hg. von Heinrich Pertz (= MGH Scriptorum, 5). Erstdruck: Hannover 1844. Unveränderter Neudruck: Hannover 1968. S. 67-133.

Liber Aureus. Faksimile Edition, hg. von Werner Vogler. Graz 1993.

Liber Memorialis von Remiremont, hg. von Eduard Hlawitschka (= MGH Antiquitates, Libri memoriales, 1). Dublin 1970.

Liber Viventium Fabariensis. Faksimile Edition, hg. von Alfred Bruckner. Basel 1973.

Libri confraternitatum Sancti Galli, Augiensis, Fabariensis, hg. von Paul Piper (= MGH Libri confraternitatum). Hannover 1884. Unveränderter Nachdruck 1984.

Missale Goticum. Das gallikanische Sakramentar (Cod. Vatican. Regin. Lat. 317) des 7.-8. Jahrhunderts, hg. von Cunibert Mohlberg. Augsburg 1929.

Regula monachorum sancti columbani, hg. von Otto Seebaß. In: Zeitschrift für Kirchengeschichte, 16. 1896. S. 366-387.

Urkundenbuch der Abtei St. Gallen, hg. von Hermann Wartmann. Erstdruck: Frankfurt 1863. Unveränderter Nachdruck: Frankfurt 1981.

Urkundenbuch der südlichen Teile des Kantons St. Gallen. Bd. 1, hg von Franz Perret. Rorschach 1961.

Versuch einer Rekonstruktion der St. Galler Verbrüderungsbücher des 9. Jahrhunderts, von Karl Schmid. In: Borgolte, Michael/Geuenich, Dieter/Schmid, Karl: Subsidia Sangallensia I. Materialien und Untersuchungen zu den Verbrüderungsbüchern und zu den älteren Urkunden des Stiftsarchivs St. Gallen. S. 81-277.

Vita Benedicti abbatis anianensis et indensis auctore ardone, ed. Hermann Waitz (= MGH Scriptorum, 15). Erstdruck: Hannover 1887. unveränderter Nachdruck: Stuttgart 1963. S. 198-220.

Vita Galli confessoris triplex, hg. von Bruno Krusch (= MGH Scriptorum rerum Merovingicum, Passiones Vitaeque Sanctorum Aevi Merovingici 4,1,2). Erstdruck: Hannover 1902. Unveränderter Nachdruck: Hannover 1977.

Vita S. Meginrati, ed. O. Holder-Egger (= MGH Scriptores, 15,1). Erstdruck: Hannover 1887. Unveränderter Nachdruck: Stuttgart 1963. S. 443-448.

Vita S. Pirmini, ed. Hermann Waitz (= MGH Scriptorum, 15). Erstdruck: Hannover 1887. unveränderter Nachdruck: Stuttgart 1963. S. 21-31.

Wahlafrid Strabi: Visio Wettini. Die Vision Wettis. Lateinisch – Deutsch. Übersetzung, Einführung und Erläuterungen von Hermann Knittel. Sigmaringen 1986.

2. Literaturverzeichnis

Althoff, Gerd: Zur Verschriftlichung von Memoria in Krisenzeiten. In: Geuenich, Dieter/Oexle, Otto Gerhard (Hrsg.): Memoria in der Gesellschaft des Mittelalters. Göttingen 1994. S. 56-73.

Angenendt, Arnold: Das Frühmittelalter. Die abendländische Christenheit von 400 bis 900. Stuttgart 1995².

Angenendt, Arnold: Monachi Peregrini. Studien zu Pirmin und den monastischen Vorstellungen des frühen Mittelalters. München 1972 (= Münstersche Mittelalter-Schriften, 6).

Angenendt, Arnold: Theologie und Liturgie der mittelalterlichen Toten-Memoria. In: Schmid, Karl/Wollasch, Joachim (Hrsg.): Memoria. Der geschichtliche Zeugniswert des liturgischen Gedenkens im Mittelalter. München 1984 (= Münstersche Mittelalter-Schriften, 48). S. 79-200.

Autenrieth, Johanne: Beschreibung des Codex. In: Das Verbrüderungsbuch der Abtei Reichenau. Einleitung, Register Faksimile, hg. von Johanne Autenrieth, Dieter Geuenich und Karl Schmid, 1979 (= MGH Libri Memoriales et Necrologia. Nova Series I). S. 15-41.

Autenrieth, Johanne: Die Verbrüderungsbücher der Bodenseeklöster in paläographisch-kodikologischer Sicht. In: Schmid, Karl/Wollasch, Joachim (Hrsg.): Memoria. Der geschichtliche Zeugniswert des liturgischen Gedenkens im Mittelalter. München 1984 (= Münstersche Mittelalter-Schriften, 48). S. 603-613.

Begrich, Ursula: Reichenau. In: Helvetia Sacra, hg. vom Kuratorium der Helvetia Sacra. Abteilung III. Die Orden mit Benediktinerregel. Bd. 1, 2. Teil. Bern 1986. S. 1059-1100.

Beyerle, Konrad: Das Reichenauer Verbrüderungsbuch als Quelle der Klostergeschichte. In: Beyerle, Konrad: Die Kultur der Abtei Reichenau. Erinnerungsschrift zur zwölfhundertsten Wiederkehr des Gründungsjahres des Inselklosters 724-1924. Bd. 2. Neudruck der Ausgabe München 1925. Aalen 1970. S. 1107-1218.

Brandi, Karl: Die Gründung des Klosters. In: Beyerle, Konrad: Die Kultur der Abtei Reichenau. Erinnerungsschrift zur zwölfhundertsten Wiederkehr des Gründungsjahres des Inselklosters 724-1924. Bd. 2. Neudruck der Ausgabe München 1925. Aalen 1970. S. 10-19.

Büttner, Heinrich: Zur frühen Geschichte der Abtei Pfäfers. Erstdruck in: Zeitschrift für Schweizerische Kirchengeschichte 53, 1959. S. 1-17. Jetzt in: Patze Hans (Hrsg.): Schwaben und Schweiz im frühen und hohen Mittelalter. Gesammelte Aufsätze von Heinrich Büttner. Sigmaringen 1972 (= Vorträge und Forschungen 15). S. 225-241.

Duft, Johannes/Gössi, Anton/Vogler, Werner: Die Abtei St. Gallen. Abriß der Geschichte. Kurzbiographien der Äbte. Das stift-sanktgallische Offizialat. St. Gallen 1986.

Duft, Johannes: Geschichte des Klosters St. Gallen im Überblick vom 7. Bis zum 12. Jahrhundert. In: Ochsenbein, Peter (Hrsg.): Das Kloster St. Gallen im Mittelalter. Die kulturelle Blüte vom 8. bis zum 12. Jahrhundert. Darmstadt 1999. S. 11-31.

Duft, Johannes/Gössi, Anton/Vogler, Werner: St. Gallen. In: Helvetia Sacra, hg. vom Kuratorium der Helvetia Sacra. Abteilung III. Die Orden mit Benediktregel. Bd. 3, 2. Bern 1986. S. 1180-1369.

Ebner, Adalbert: Die klösterlichen Gebetsverbrüderungen bis zum Ausgange des karolingischen Zeitalters. Eine kirchengeschichtliche Studie. Regensburg 1890.

Eggenberger, Christoph: Der künstlerische Schmuck des Liber Viventium von Pfäfers. In: Vogler, Werner (Hrsg.): Die Abtei Pfäfers. Geschichte und Kultur. Eine Ausstellung des Stiftsarchivs St. Gallen im Nordflügel des Regierungsgebäudes, St. Gallen, vom 14. April bis 8. Mai 1983. St. Gallen 1983. S. 38-49.

Euw, Anton von: Liber viventium Fabariensis: Das karolingische Memorialbuch von Pfäfers in seiner liturgie- und kunstgeschichtlichen Bedeutung. Bern/Stuttgart 1989 (= Studia Fabariensia, 1).

Frank, Karl Suso: Grundzüge der Geschichte des christlichen Mönchtums. Darmstadt 1975 (=Wissenschaftliche Buchgesellschaft, 25).

Geuenich, Dieter: Der Liber Viventium von Pfäfers als geschichtliches Dokument. In: Vogler, Werner (Hrsg.): Die Abtei Pfäfers. Geschichte und Kultur. Eine Ausstellung des Stiftsarchivs St. Gallen im Nordflügel des Regierungsgebäudes, St. Gallen, vom 14. April bis 8. Mai 1983. St. Gallen 1983. S. 32-38.

Geuenich, Dieter: Die ältere Geschichte von Pfäfers im Spiegel der Mönchslisten des Liber Viventium Fabariensis. In: Frühmittelalterliche Studien, 9. Berlin 1975. S. 226-253.

Geuenich, Dieter: Die Namen des Verbrüderungsbuches. Ihre Aufnahme, Lemmatisierung und Wiedergabe in den Registern. In: Das Verbrüderungsbuch der Abtei Reichenau. Einleitung, Register Faksimile, hg. von Johanne Autenrieth, Dieter Geuenich und Karl Schmid, 1979 (= MGH Libri Memoriales et Necrologia. Nova Series I). S. 42-59.

Geuenich, Dieter: Die Sankt Galler Gebetsverbrüderungen. In: Vogler, Werner (Hrsg.): Die Kultur der Abtei Sankt Gallen. Stuttgart 1990. S. 29-36.

Geuenich, Dieter: Elsaßbeziehungen in den St. Galler Verbrüderungsbüchern. In: Ochsenbein, Peter/Ziegler, Ernst (Hrsg.): Codices Sangallenses. Festschrift für Johannes Duft zum 80. Geburtstag. Sigmaringen 1995. S. 105-116.

Geuenich, Dieter: Gebetsgedenken und anianische Reform-Beobachtungen zu den Verbrüderungsbeziehungen der Äbte im Reich Ludwigs des Frommen. In: Kottje, Raimund/Maurer, Helmut (Hrsg.): Monastische Reformen im 9. und 10. Jahrhundert. Sigmaringen 1989 (= Vorträge und Forschungen, 38). S. 79-107.

Geuenich, Dieter: Kritische Anmerkungen zur sogenannten „anianischen Reform". In: Bauer, Dieter R./Hiestand, Rudolf/Kasten, Brigitte/Lorenz, Sönke (Hrsg.): Mönchtum – Kirche – Herrschaft 750-1000. Sigmaringen 1998. S. 99-113.

Geuenich, Dieter: Liturgisches Gebetsgedenken in St. Gallen. In: Ochsenbein, Peter (Hrsg.): Das Kloster St. Gallen im Mittelalter. Die kulturelle Blüte vom 8. bis zum 12. Jahrhundert. Darmstadt 1999. S. 83-95.

Geuenich, Dieter: Zukunftsvorstellungen im Mittelalter. Antrittsvorlesung an der Universität-Gesamthochschule-Duisburg. Duisburg 30. Mai 1989. Internet: http://www.uniduisburg.de/FB1/GESCHICHTE/GeuZuk.htm. S. 1-11.

Heidrich, Ingrid: Die urkundliche Grundausstattung der elsässischen Klöster, St. Gallens und der Reichenau in der ersten Hälfte des 8. Jahrhunderts. In: Classen, Peter (Hrsg.): Die Gründungsurkunden der Reichenau. Sigmaringen 1977 (=Vorträge und Forschungen, 24). S. 31-63.

Johanek, Peter: Ludwig der Fromme. In: Lexikon für Theologie und Geschichte, 6. 1997. Sp. 1092-1094.

Kleinschmidt, Erich: Zur Reichenauer Überlieferung der „Visio Wettini" im 9. Jahrhundert. In: Deutsches Archiv zur Erforschung des Mittelalters, 30. 1974. S. 199-207.

Koep, Leo: Das himmlische Buch in Antike und Christentum. Bonn 1952 (= Theophaneia, 8).

Kohlenberger, Helmut: Buch des Lebens. In: Lexikon des Mittelalters, 2. Stuttgart 1983. Sp. 813-814.

Le Goff, Jacques: Geschichte und Gedächtnis. Aus dem Französischen von Elisabeth Hartfelder. Frankfurt am Main 1992 (= Historische Studien, 6).

Löwe, Heinz: Methodius im Reichenauer Verbrüderungsbuch. Erdruck: Deutsches Archiv, 38. 1982. S. 341-362. Jetzt in: Struve, Tilman (Hrsg.): Religiosität und Bildung im frühen Mittelalter. Ausgewählte Aufsätze von Heinz Löwe. Weimar 1994. S. 348-370.

Ludwig, Uwe: Murbacher Gedenkaufzeichnungen in der Karolingerzeit. In: Alemannisches Jahrbuch 1991/92. S. 221-299.

Müller, Iso: Das Reichenauer Verbrüderungsbuch und der Klosterkonvent von Disentis. In: Schweizerische Zeitschrift für Geschichte, 35. 1985. S. 369-388.

Müller, Iso: Zur Gründung von Pfäfers. In: Vogler, Werner (Hrsg.): Die Abtei Pfäfers. Geschichte und Kultur. Eine Ausstellung des Stiftsarchivs St. Gallen im Nordflügel des Regierungsgebäudes, St. Gallen, vom 14. April bis 8. Mai 1983. St. Gallen 1983. S. 23-26.

Neiske, Franz: Vision und Totengedenken. In: Frühmittelalterliche Studien, 20. 1986. S. 137-186.

Oexle, Otto Gerhard: Die Gegenwart der Toten. In: Braet, Hermann/Verbeke, Werner: Death in the middle ages. Leuven 1982. S. 19-78.

Oexle, Otto Gerhard: Mahl und Spende im mittelalterlichen Totenkult. In: Frühmittelalterliche Studien, 18. 1984. S. 401-420.

Oexle, Otto Gerhard: Memoria. In: Lexikon des Mittelalters, 6. Stuttgart 1993. Sp. 510-513.

Oexle, Otto Gerhard: Memoria als Kultur. In: Oexle, Otto Gerhard (Hrsg.): Memoria als Kultur. Göttingen 1995 (= Veröffentlichungen des Max-Planck-Instituts für Geschichte, 121). S. 9-79.

Ohly, Friedrich: Bemerkungen eines Philologen zur Memoria. Münstersche Abschiedsvorlesung vom 10. Februar 1982. München 1984 (= Münstersche Mittelalter-Schriften, 48).

Perret, Franz/Vogler, Werner: Pfäfers. In: Helvetia Sacra, hg. vom Kuratorium der Helvetia Sacra. Bd. 3,1. Bern 1986. S. 980-1033.

Perret, Franz: Über den Liber Viventium Fabariensis. In: Zeitschrift für Schweizerische Kirchengeschichte 49, 1955. S. 97-106.

Piper, Paul: Einleitungen. In: Libri confraternitatum Sancti Galli, Augensis, Fabariensis, hg. von Paul Piper, 1884, unveränderter Nachdruck 1984 (= MGH Libri confraternitatum). S. 3-8; 147-150; 355-357.

Prinz, Friedrich: Frühes Mönchtum im Frankenreich. Kultur und Gesellschaft in Gallien, den Rheinlanden und Bayern am Beispiel der monastischen Entwicklung (4. bis 8. Jahrhundert). Mit einem Kartenanhang. München² 1988.

Prinz, Friedrich: Frühes Mönchtum in Südwestdeutschland und die Anfänge der Reichenau. In: Prinz, Friedrich (Hrsg.): Mönchtum und Gesellschaft im Frühmittelalter. Darmstadt 1976 (= Wege der Forschung, 92). S. 151-204.

Rappmann, Roland/Zettler, Alfons: Mönche und Konvent. In: Rappmann, Roland/Zettler, Alfons: Die Reichenauer Mönchsgemeinschaft und ihr Totengedenken im frühen Mittelalter. Sigmaringen 1998 (= Archäologie und Geschichte, 5). S. 35-279.

Richter, Michael: Neues zu den Anfängen des Klosters Reichenau. In: Zeitschrift für Geschichte des Oberrheins, 144. 1996. S. 1-18.

Schmid, Karl: Auf dem Weg zur Wiederentdeckung der alten Ordnung des Sankt Galler Verbrüderungsbuches über eine Strassburger Namengruppe. In: Clavadetscher, Otto P./Maurer, Helmut/Sonderegger, Stefan (Hrsg.): Florilegium Sangallense. Festschrift für Johannes Duft zum 65. Geburtstag. S. 213-241.

Schmid, Karl: Bemerkungen zur Anlage des Reichenauer Verbrüderungsbuches. Zugleich ein Beitrag zum Verständnis der „Visio Wettini". Erstdruck: Elm, Kaspar/Gönner, Eberhard/Hillenbrand, Eugen: Landesgeschichte und Geistesgeschichte. Festschrift für Otto Herding zum 65. Geburtstag. Stuttgart 1977 (=Veröffentlichungen der Kommission für geschichtliche Landeskunde in Baden-Württemberg, Reihe B, Forschungen 92). S. 24-41. Jetzt in: Schmid, Karl: Gebetsgedenken und adeliges Selbstverständnis im Mittelalter. Ausgewählte Beiträge. Festgabe zu seinem sechzigsten Geburtstag. Sigmaringen 1983. S. 514-532.

Schmid, Karl: Das ältere und das neu entdeckte jüngere St. Galler Verbrüderungsbuch. In: Borgolte, Michael/Geuenich, Dieter/Schmid, Karl (Hrsg.): Subsidia Sangallensia I. Materialien und Untersuchungen zu den Verbrüderungsbüchern und zu den älteren Urkunden des Stiftsarchivs St. Gallen. S. 13-39.

Schmid, Karl: Das liturgische Gebetsgedenken in seiner historischen Relevanz am Beispiel der Verbrüderungsbewegung des früheren Mittelalters. Erstdruck: Freiburger Diözesan-Archiv. S. 20-44. Jetzt in: Schmid, Karl: Gebetsgedenken und adeliges Selbstverständnis im Mittelalter. Ausgewählte Beiträge. Festgabe zu seinem sechzigsten Geburtstag. Sigmaringen 1983. S. 620-645.

Schmid, Karl: Die Reichenauer Fraternitas und ihre Erforschung. In: Rappmann, Roland/Zettler, Alfons (Hrsg.): Die Reichenauer Mönchsgemeinschaft und ihr Totengedenken im frühen Mittelalter. Sigmaringen 1998 (= Archäologie und Geschichte 5). S. 11-35.

Schmid, Karl: Die Zeugnisse der Mönchsgemeinschaften Reichenaus und St. Gallens im Vergleich. In: Rappmann, Roland/Zettler, Alfons (Hrsg.): Die Reichenauer Mönchsgemeinschaft und ihr Totengedenken im frühen Mittelalter. Sigmaringen 1998 (= Archäologie und Geschichte 5). S. 12-35.

Schmid, Karl: Gebetsverbrüderungen. In: Lexikon des Mittelalters, 4. Stuttgart 1989. Sp. 1161.

Schmid, Karl: Mönchtum und Verbrüderung. In: Kottje, Raimund/Maurer, Helmut (Hrsg.): Monastische Reformen im 9. und 10. Jahrhundert. Sigmaringen 1989 (= Vorträge und Forschungen, 38). S. 117-147.

Schmid, Karl: Probleme einer Neuedition des Reichenauer Verbrüderungsbuches. In: Maurer, Helmut (Hrsg.): Die Abtei Reichenau. Neue Beiträge zur Geschichte und Kultur des Inselklosters. Sigmaringen 1974. S. 35-69.

Schmid, Karl: Wege zur Erschließung des Verbrüderungsbuches. In: Das Verbrüderungsbuch der Abtei Reichenau. Einleitung, Register Faksimile, hg. von Johanne Autenrieth, Dieter Geuenich und Karl Schmid, 1979 (= MGH Libri Memoriales et Necrologia. Nova Series I). S. 60-101.

Schmid, Karl: Zum Quellenwert der Verbrüderungsbücher von St. Gallen und Reichenau. (= Deutsches Archiv für Erforschung des Mittelalters, 41). S. 345-389.

Schmid, Karl: Zur historischen Relevanz des ältesten Eintrags im St. Galler Verbrüderungsbuch. Erstdruck: Alemannica. Landeskundliche Beiträge. Festschrift für Bruno Boesch. Bühl 1976. S. 500-532 (= Alemannisches Jahrbuch 1973/1975). Jetzt in: Schmid, Karl: Gebetsgedenken und adeliges Selbstverständnis im Mittelalter. Ausgewählte Beiträge. Festgabe zu seinem sechzigsten Geburtstag. Sigmaringen 1983. S. 481-514.

Schmid, Karl/Oexle, Otto Gerhard: Voraussetzungen und Wirkung des Gebetsbundes von Attigny. In: Francia, 2. 1974. S. 71-122.

Schmid, Karl/Wollasch, Joachim: Die Gemeinschaft der Lebenden und Verstorbenen in Zeugnissen des Mittelalters. In: Frühmittelalterliche Studien, 1. 1967. S. 365-405.

Schmid, Karl/Wollasch, Joachim: Societas et Fraternitas. Begründung eines kommentierten Quellenwerks zur Erforschung der Personen und Personengruppen des Mittelalters. In: Frühmittelalterliche Studien, 9. 1975. S. 1-48.

Schnyder, Hans: Das Gründungsdatum des Klosters Pfäfers. In: Vogler, Werner (Hrsg.): Die Abtei Pfäfers. Geschichte und Kultur. Eine Ausstellung des Stiftsarchivs St. Gallen im Nordflügel des Regierungsgebäudes, St. Gallen, vom 14. April bis 8. Mai 1983. St. Gallen 1983. S. 26-32.

Schulte, Aloys: Zu den Verbrüderungsbüchern von St. Gallen und Reichenau. In: Mittheilungen des Instituts für oesterreichische Geschichtsforschung, 11, 1890. S. 123-127.

Semmler, Josef: Benedikt von Aniane. In: Lexikon des Mittelalters, 1, 1980. Sp. 1864-1866.

Semmler, Josef: Pirmin(ius). In: Lexikon des Mittelalters, 6. Stuttgart1993. Sp. 2175-2176.

Tellenbach, Gerd: Der Liber Memorialis von Remiremont. In: Tellenbach, Gerd: Ausgewählte Abhandlungen und Aufsätze. Bd. 2. Stuttgart1988. S. 438-484.

Tellenbach, Gerd: Die historische Dimension der liturgischen commemoratio im Mittelalter. In: Schmid, Karl/Wollasch, Joachim (Hrsg.): Memoria. Der geschichtliche Zeugniswert des liturgischen Gedenkens im Mittelalter. München 1984 (= Münstersche Mittelalter-Schriften, 48). S. 200-215.

Tellenbach, Gerd: Liturgische Gedenkbücher als historische Quellen. Erstdruck: Mélanges Eugène Tisserant T. 5. Studi e Testi, Vol. 235. Città del Vaticano: Biblioteca Apostolica Vaticana 1964. S. 389-402. Jetzt in: Tellenbach, Gerd: Ausgewählte Schriften und Aufsätze. Bd. 2. Stuttgart 1988. S. 426-438.

Tellenbach, Gerd: Zur Bedeutung der Personenforschung für die Erkenntnis des frühen Mittelalters. Freiburg im Breisgau 1957 (= Freiburger Universitätsreden, 25).

Vogler, Werner: Der Liber Viventium von Pfäfers. Eine Einführung. In: Müller, P. Iso/Pfaff, Carl (Hrsg.): Thesaurus Fabariensis. Die Reliquien-, Schatz- und Bücherverzeichnisse im Liber Viventium von Pfäfers. St. Gallen 1985. S. 7-13.

Vogler, Werner: Pfäfers. In: Lexikon des Mittelalters, 6. Stuttgart 1993. Sp. 1992.

Vogler, Werner: St. Gallen. In: Lexikon des Mittelalters, 7. Stuttgart 1987. Sp. 1153-1155.

Wahl, Otto: Gebet. In: Lexikon für Theologie und Geschichte, 4. 1995. Sp. 309-310.

Werner, Karl F.: Attigny. In: Lexikon des Mittelalters, 1. Stuttgart 1980. Sp. 1178.

Wollasch, Joachim: Das Projekt ‚Societas et Fraternitas'. In: Geuenich, Dieter/Oexle, Otto Gerhard (Hrsg.): Memoria in der Gesellschaft des Mittelalters. Göttingen 1994. S. 11-31.

Wollasch, Joachim: Die mittelalterliche Lebensform der Verbrüderung. In: Schmid, Karl/Wollasch, Joachim (Hrsg.): Memoria. Der geschichtliche Zeugniswert des liturgischen Gedenkens im Mittelalter. München 1984 (= Münstersche Mittelalter-Schriften, 48). S. 215-233.

Wollasch, Joachim: Mönchtum des Mittelalters zwischen Kirche und Welt. München 1973 (= Münstersche Mittelalter-Schriften).

Wollasch, Joachim: Totengedenken im Reformmönchtum. In: Kottje, Raimund/Maurer, Helmut (Hrsg.): Monastische Reformen im 9. und 10. Jahrhundert. Sigmaringen 1989 (= Vorträge und Forschungen, 38). S. 147-167.

Wollasch, Joachim: Zu den Anfängen liturgischen Gedenkens an Personen und Personengruppen in den Bodenseeklöstern. In: Bäumer, Remigius/Frank, Karl Suso/Ott, Hugo (Hrsg.): Kirche am Oberrhein. Freiburg im Breisgau 1980. S. 59-78.

Zettler, Alfons: Die frühen Klosterbauten der Reichenau. Ausgrabungen, Schriftquellen, St. Galler Klosterplan. Sigmaringen 1988 (= Archäologie und Geschichte 3).

Zettler, Alfons: Reichenau. In: Lexikon des Mittelalters, 7. Stuttgart 1995. Sp. 612-614.

ANHANG

1 Graphische Darstellung der St. Galler Eintragsgruppen

Im folgenden sollen die Eintragsgruppen des älteren und des jüngeren St. Galler Gedenkbuches statistisch ausgewertet werden. Das Datenmaterial beruht auf den Forschungen von Karl Schmid[354].

Älterer St. Galler Codex:

Das ältere Gedenkbuch bestand aus 24 Pergamentblättern, die beidseitig beschrieben wurden. Von den 48 Seiten gingen 22 verloren, 16 beinhalten Konventslisten und 10 wurden mit Laieneinträgen gefüllt. Das Diagramm soll die prozentualen Verhältnisse verdeutlichen.

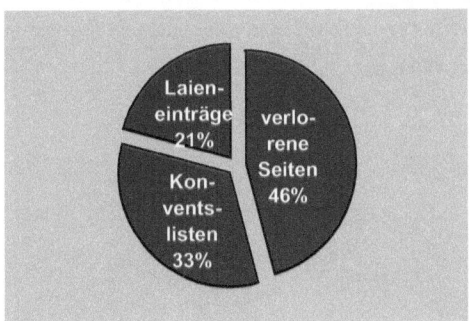

Von den 22 verlorenen Seiten waren nach den Forschungen von K. Schmid 15 wahrscheinlich Mönchslisten, eine füllten die Schreiber mit Laiennamen

---

354 Versuch einer Rekonstruktion der St. Galler Verbrüderungsbücher des 9. Jahrhunderts, von Karl Schmid. In: Borgolte, Michael/Geuenich, Dieter/Schmid, Karl (Hrsg.): Subsidia Sangallensia I. Materialien und Untersuchungen zu den Verbrüderungsbüchern und zu den älteren Urkunden des Stiftsarchivs St. Gallen. S. 81-277.

und sechs weitere konnten nicht genauer bestimmt werden[355]. Nimmt man diese nun zu den noch existierenden Seiten hinzu, ergibt sich folgendes Bild:

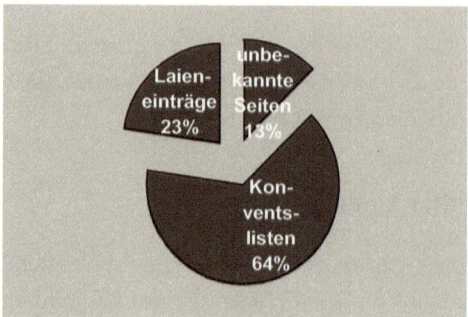

Das Diagramm verdeutlicht, dass der Schwerpunkt der Memoria im älteren St. Galler Gedenkbuch eindeutig auf der klösterlichen Verbrüderung liegt, denn 64% der Seiten nutzen die Schreiber, um die Namen der verbrüderten Konventualen einzutragen.

---

355 Versuch einer Rekonstruktion der St. Galler Verbrüderungsbücher des 9. Jahrhunderts, von Karl Schmid. S. 88-90.

Jüngerer St. Galler Codex:

Bei der Hinzunahme des jüngeren St. Galler Codex zeichnet sich ein ganz anderes Bild ab. Die insgesamt 60 Pergamentblätter ergaben zusammen 120 beschreibbare Seiten, von denen 63 verloren gingen, 27 Konventslisten enthalten und 30 Laieneinträge und weitere Eintragungen:

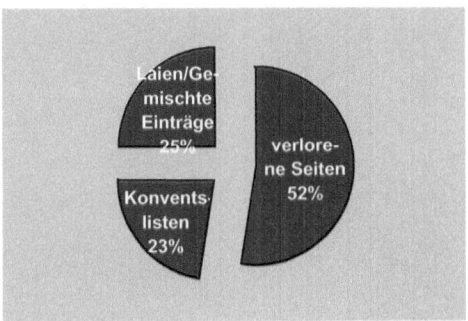

Auch beim jüngeren Gedenkbuch gelang es, einen Teil der 63 verlorenen Seiten näher zu bestimmen. Davon waren 26 wahrscheinlich Konventslisten, 29 Laieneinträge und gemischte Eintragungen, und 8 konnten nicht näher bestimmt werden[356]:

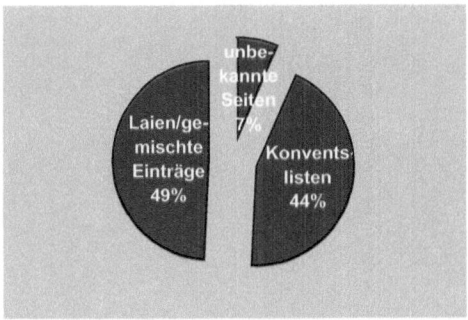

---

356 Versuch einer Rekonstruktion der St. Galler Verbrüderungsbücher des 9. Jahrhunderts, von Karl Schmid. S. 153-156.

In dieser Graphik zeigt sich eine deutliche Verschiebung zum Laiengedenken. Herrschten im älteren Gedenkbuch zu Beginn des 9. Jahrhundert vorwiegend Konventslisten vor (64%), waren es im jüngeren Codex Laieneinträge, gemischte Gruppen und andere Eintragungen (49%). Außerdem kamen im jüngeren St. Galler Gedenkbuch kaum neue klösterliche Verbrüderungen hinzu[357]. Die Verschiebung zum Laiengedenken seit dem Ende des 9. Jahrhunderts lässt sich demnach auch statistisch belegen.

---

357   vgl. Kapitel 3.4.1. S. 39-41.

2 Graphik zu den Eintragsgruppen im Pfäferser Codex

Der Pfäferser *Liber Viventium* umfasst neben den Evangelienauszügen und den klösterlichen Verbrüderungen auch eine Vielzahl anderer Eintragungen. Um die Verhältnisse genauer bestimmen zu können, erfolgt an dieser Stelle eine graphische Auswertung:

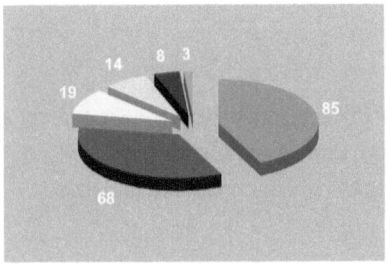

Die 178 Seiten des Liber Viventium enthalten folgende Eintragsgruppen[358]:

- 85 Seiten mit Verbrüderungen
- 68 Seiten mit den Evangelistenbildern und Evangelienauszügen
- 19 Seiten mit urkundlichen Eintragungen
- 14 Seiten mit Rechtsaufzeichnungen und Abgabenverzeichnissen
- 8 Seiten mit Schatz- und Bücherverzeichnissen
- 3 Seiten mit Reliquienverzeichnissen

---

358 Das Datenmaterial basiert auf der Auswertung von Werner Vogler: Der Liber Viventium von Pfäfers. Eine Einführung. In: Müller, Iso/Pfaff, Carl: Theasaurus Fabariensis. Die Reliquien-, Schatz- und Bücherverzeichnisse im Liber Viventium von Pfäfers. St. Gallen 1985.

Anmerkung: gemischte Seiten, die z. B. Verbrüderungen und Schatzverzeichnisse enthalten, wurden doppelt angegeben, d. h. einmal bei den Verbrüderungen und dann bei den Schatzverzeichnissen.

Prozentual gesehen ergibt sich folgendes Bild:

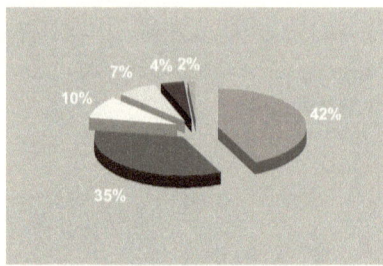

Auf gerade einmal 42% der Seiten befinden sich Verbrüderungen, wodurch die These belegt wird, dass es sich beim *Liber Viventium* um einen Mischcodex handelt und nicht um ein reines Gedenkbuch.

www.ingramcontent.com/pod-product-compliance
Lightning Source LLC
Chambersburg PA
CBHW031548020526
44115CB00039B/1021